YouTube「Daichiゴルフ TV」Presents

ゴルフ

寄せが安定する！ 最大効率 サイコーアプローチ

「Daichiゴルフ TV」レッスンプロ
菅原大地 著
Daichi Sugawara

池田書店

はじめに

皆さん、こんにちは。ＹｏｕＴｕｂｅチャンネル「Ｄａｉｃｈｉゴルフ TV」レッスンプロの菅原大地です。前作の書籍『ゴルフ　誰でも280ヤード！　サイコースイング』（池田書店刊）では、最大効率スイング理論（老若男女を問わず、自分の持つ最大限の能力を発揮する理論）を追求して、人生最長のドライバーの飛距離を実現させる、飛ばしのレッスンを行いました。そして今回は、まさにスコアアップに直結する、最大効率アプローチ＝サイコーアプローチについてお話ししていきたいと思います。

アプローチに関する質問は、私のスクール生からも多くいただきます。よくあるのは、砲台グリーンを目の前にすると、上げようと思ってダフる、またはグリーンオーバーしてスコアも大崩れになるというものです。つまり、砲台グリーン＝ボールを上げなくちゃいけない！と思い込んでいるのです。でも、グリーンは近付けば近付くほどボールを上げて寄せるのが難しくなります。ところが、こういった近いアプローチにもかかわらず、上げて寄せる難しさを認識していなかったり、スキルを持っていないと、一番難しい選択肢を取ってしまいがちです。例えば、砲台グリーンでも、ボールを高く上げるのではなく、のり面にボールをぶつけて転がし上げる方法があります。ぶつけたら戻ってきてしまうのでは？　と思うかもしれませんが、それは着弾したときに前に行く勢いのないクラブを使っているからで、前に行く力があるクラブを使えばグリーンに簡単に乗せることができるのです。

また、50ヤード以内のグリーン周りは、ラフ、逆目の芝、バンカー、地面の固さや傾斜など様々な課題が待ち受けていますから、そのなかで今ボールはどういう状況に置かれているかをまず判断することが、非常に重要なポイントになってきます。

そして、ライの状況によってボールを転がしたほうがいいのか上げたほうがいいのか、一番失敗の確率が少ないアプローチは何か？　を選択することが、サイコーアプローチにつながるのです。本書では、わざとトップして転がす、わざとダフらせてボールを上げるなど、トップやダフりを操ることで、失敗が失敗にならないサイコーアプローチのメカニズムを解説し、わかりやすいように動きを詳しく分解、そして効率よく身に付けるための数々の練習ドリルを用意しました。また今回は、スマートフォンなどでQRコードを読み取ると、その打ち方や練習方法がすぐわかるオリジナル動画も用意しています。

さあ皆さん、サイコーアプローチを習得して大幅なスコアアップを実現させましょう！

プロゴルフコーチ　菅原大地

Contents

Contents

Contents

第1章

サイコーアプローチとは何か？「もっとも失敗しないアプローチ」

ダフりやトップ、ザックリやチョロなど、アプローチでの様々な失敗のメカニズムを学ぶことで、失敗しても失敗にならないサイコーアプローチの極意を解明！

理想のアプローチとは

短い距離のアプローチは失敗しやすい

「ドライバー、アイアンとせっかくうまくつないできたのに、ピンがすぐそばのアプローチでグリーン周りを行ったり来たり！　あああ‼　なんてこった‼」

ゴルファーなら、きっとだれもがそんな経験をお持ちだと思います。

つまりドライバーやアイアンでのフルショットの感覚が身体に残っているまま、今度は短い距離を打ち分けるための繊細な力加減が必要なアプローチをむかえるのですから、**感覚をリセットするのが大変難しい**わけです。

さらに、グリーン周りには、ラフやバンカー、逆目の芝や様々な傾斜、クラブが弾かれるような固い土や、クラブが刺さるような湿った土、視覚的なプレッシャーなど、アプローチの難易度を上げる様々な状況が待ち構えています。

まさに、**ピンが近付けば近付くほど的確な状況判断が求められる**のです。

その状況判断の大きなポイントとなるのが、ボールのある状況、ライの見極めです。これはあとで詳しく説明しますが、大きく分けると3つあります。❶芝目が順目か逆目か、❷ボールが浮いているのか沈んでいるのか、❸地面が固いのか柔らかいのかの3つです。この3つの項目を基準として、どういう組み合わせだと失敗が起こりやすいかを判断して、失敗を回避する打ち方を導き出すのです。

私のアプローチの考え方は、**ピンまでの距離が70ヤード（以下Yで表示）～50Yがロングアプローチ、50Y～30Yがミドルアプローチ、30Y以内がショートアプローチと3種類に分けています**が、本書ではスコアメイクにおいて特に重要な50Y以内のアプローチについて解説します。

50Y以内のアプローチというと、ピンまでの距離が近いのですぐSWを使おうとされる方も多いと思います。しかし57度～59度のロフト角があるSWはボールを上げるのには適したクラブなのですが、ボールを上手く上げるためには、クラブヘッドの入れ方、クラブの当たる場所、そしてクラブスピードという難易度の高い3つのハードルをクリアしなければすぐにミスにつながります。いわば初心者がいきなりスポーツカーを運転するような危険なもの。**アプローチ＝SWという考え方は大きな失敗のもと**なのです。

グリーン周りでアプローチのミスを誘発するライやハザード

傾斜

グリーン周りには様々な傾斜がある。大きく分けると、①つま先上がり、②つま先下がり、③左足上がり、④左足下がりの４パターンだ。

逆目

芝が打つ方向と逆に傾いて生えている状態のこと。芝の抵抗が強いのでザックリのミスが出やすい。打つ方向に生えている場合は順目。

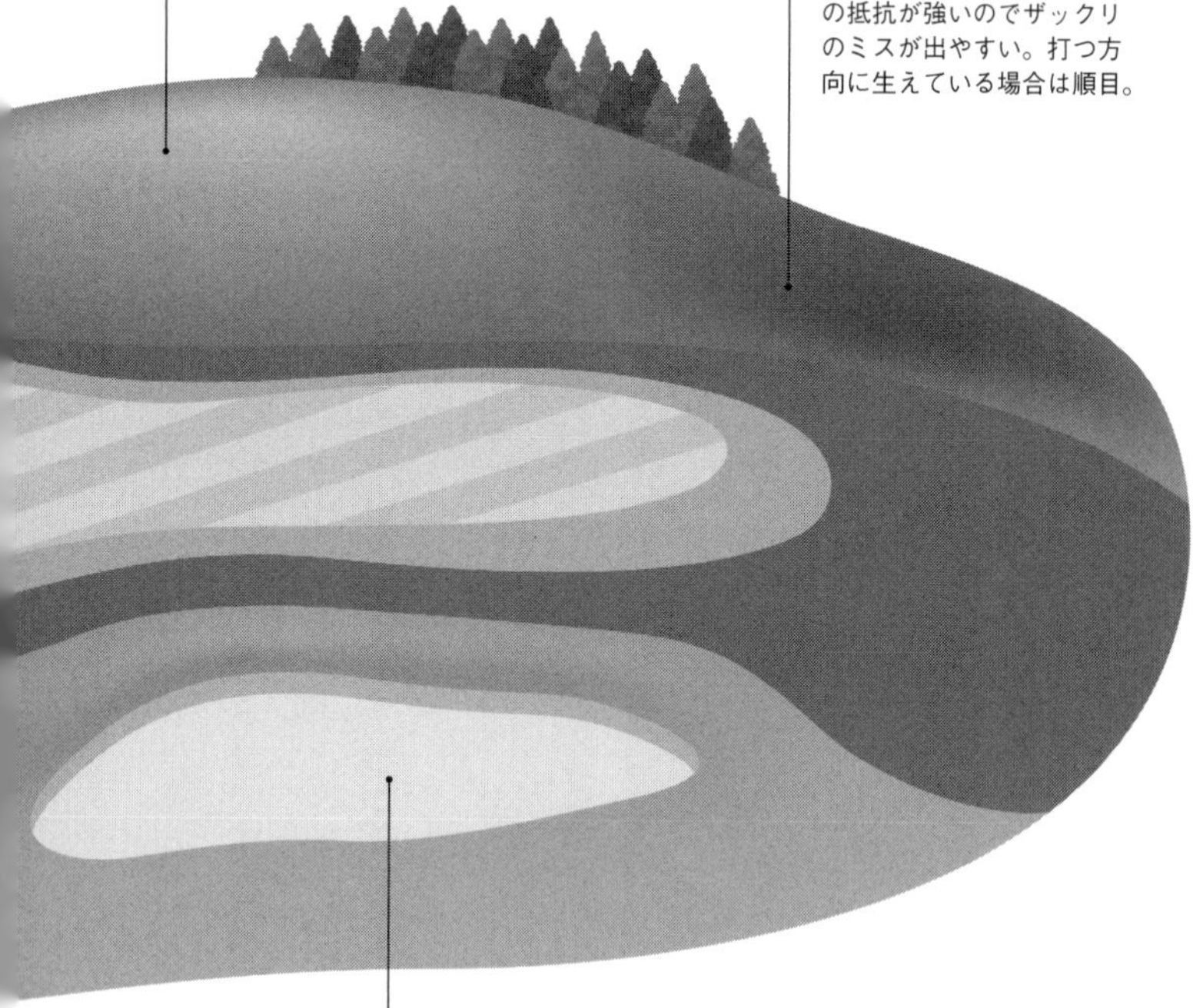

バンカー

コース内に作られた砂が入っているハザード（障害地）。砂質、あごの高さ、目玉の深さなどによって難易度はさらに増す。

OB

OBとはアウト・オブ・バウンズ（Out of Bounds）の略語で、プレーを禁じられている場所。１打付加して前位置から打ち直しとなる。

ラフ

フェアウェイやグリーン周りの芝が長く伸びた部分。芝の密度が高く、長いほどクラブへの芝の抵抗が強くなるので難しくなる。

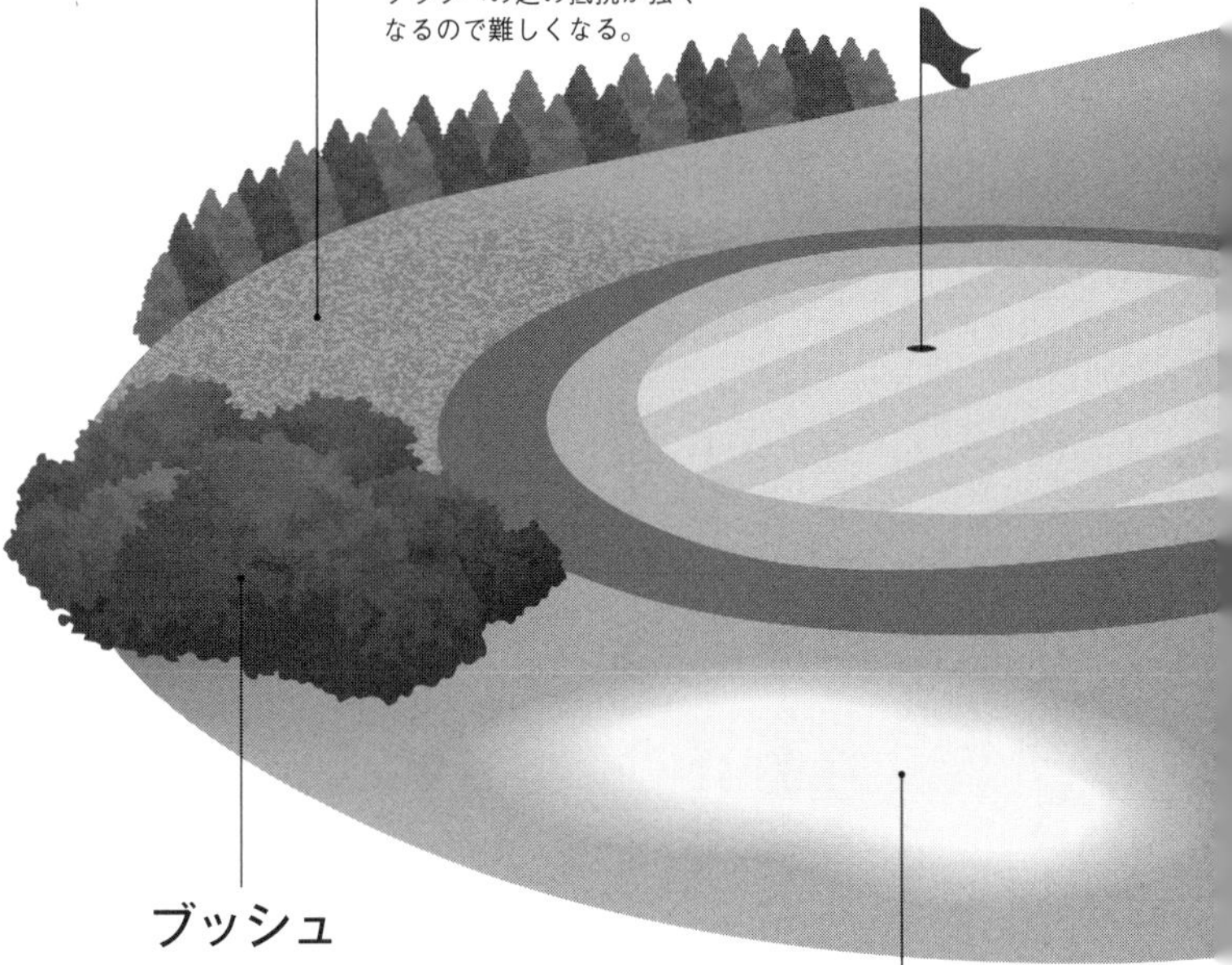

ブッシュ

低木が生い茂った藪。ボールが中に入り打てない場合は、アンプレアブルを宣言したあと、１打付加して次の３つの救済措置がある。❶ボールがあるところから２クラブレングス内のホールに近付かない場所へのドロップ❷ピンとボールがあった箇所を結んだ後方線上にドロップ❸初めのボールを最後にプレーした場所からの打ち直し。

ベアグランド

芝が枯れたり、薄くなったりして剥げていて、下の土がほとんどむき出しになったような状態のライ。クラブが弾かれやすい。

なぜ失敗してしまうのか？

私のスクール生のなかにも、「アプローチがとても苦手です」「いつも失敗します」という生徒さんがいますが、この方たちのラウンドレッスンを見ていると、トップするのも怖い、ダフるのも怖いというふうに、どちらも怖がっているのです。そしてどちらも怖がったまま、漠然とボールを上手く捉えたいという意識で打つので、トップも出るしダフりも出る。ここでボールを上手に捉えるというのは、まずボールが置かれてある状況を見て、クラブを地面に滑らせて打ったほうがミスが少ないのか、それともボールだけをクリーンに打ったほうが失敗が少ないのかを決断することが大切です。

つまり、**その状況下で一番したくないミスを出さない選択**を下すのです。

例えば、トップしてグリーンオーバーしたら池に入ってしまう状況であれば、ダフってショートしてもいいからアプローチウェッジ（AW）で地面を滑らせるスイングにする。反対に地面がぬかるんでいてダフらせるとザックリするような状況であれば、トップしてもいいからザックリしにくい9番アイアン（9I）でボールにクリーンに当てるという具合に、最終的に判断を下したら、判断したほうにしっかりと頭を切り替えてスイングすることです。

まずは、**ボールを上げるのか転がすのか、怖がらずにひとつに決めましょう。**

ボールを「上げる」のか「転がす」のか決断する

ボールを「上げる」場合には 52 度の AW（右）で芝を滑らせるようにスイングする。転がす場合は 9I（左）でボールにクリーンに当てるようにスイングする。

AW
グリーン周りがラフなどの場合は、転がすと芝の影響を受けるので AW で上げるほうを選択。

9I
左足上がりや逆目の芝などザックリしそうなボールのライなら、9I で転がすほうを選択する。

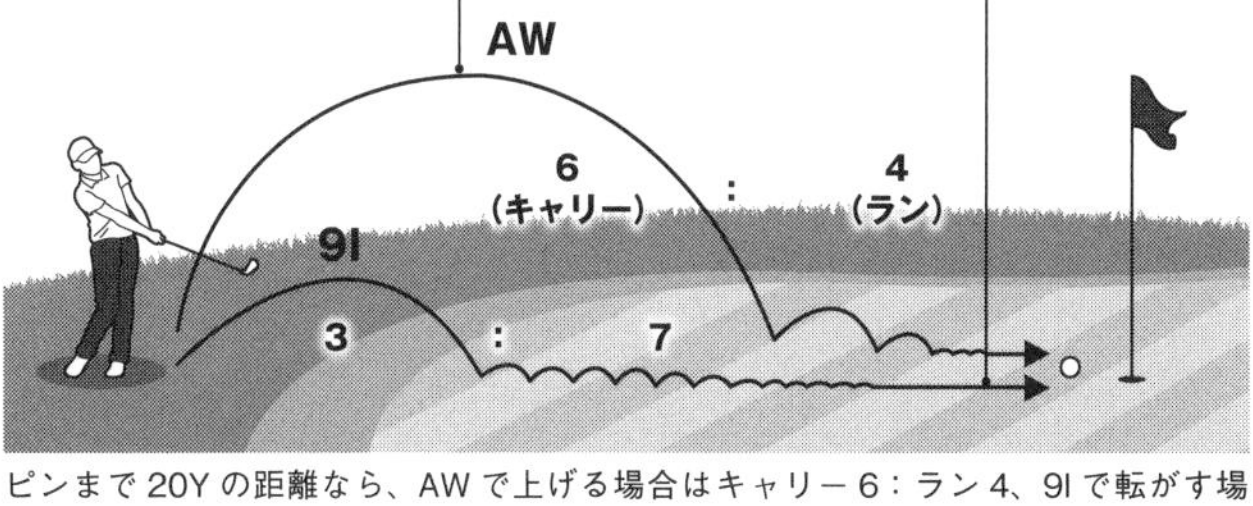

ピンまで 20Y の距離なら、AW で上げる場合はキャリー 6：ラン 4、9I で転がす場合はキャリー 3：ラン 7 のイメージでボールの落とし場所を意識する。

ダフりとトップのメカニズム

手だけで打つとダフりもトップも出る

50Y～30Yのアプローチでは、ピンまでの距離が長いので、転がすランニングアプローチよりAWなどで上げて転がすピッチエンドランのほうが、距離感が出しやすくなります。しかし、まずここで多くのアマチュアの方が間違えているのが構え方です。

レッスン本などには、アプローチはハンドファーストに構えましょうと書かれているものも多いので、皆さんもその情報は知っておられるため**ハンドファーストに構えられる方も多いのですが、それはあくまで準備段階**。そのあとのスイングで同時に身体も一緒に回ってクラブをリードすることでボールにヒットできるのですが、この動きができないとクラブが鋭角に入るのです。つまり、手だけで打とうとした場合には、クラブが上から下に落ちる形になるので、そのままクラブが地面に鋭角に入りザックリします。

そこでザックリを嫌がって、手元を浮かしながらヘッドを前に出したら、今度はリーディ

クラブヘッドの各部位

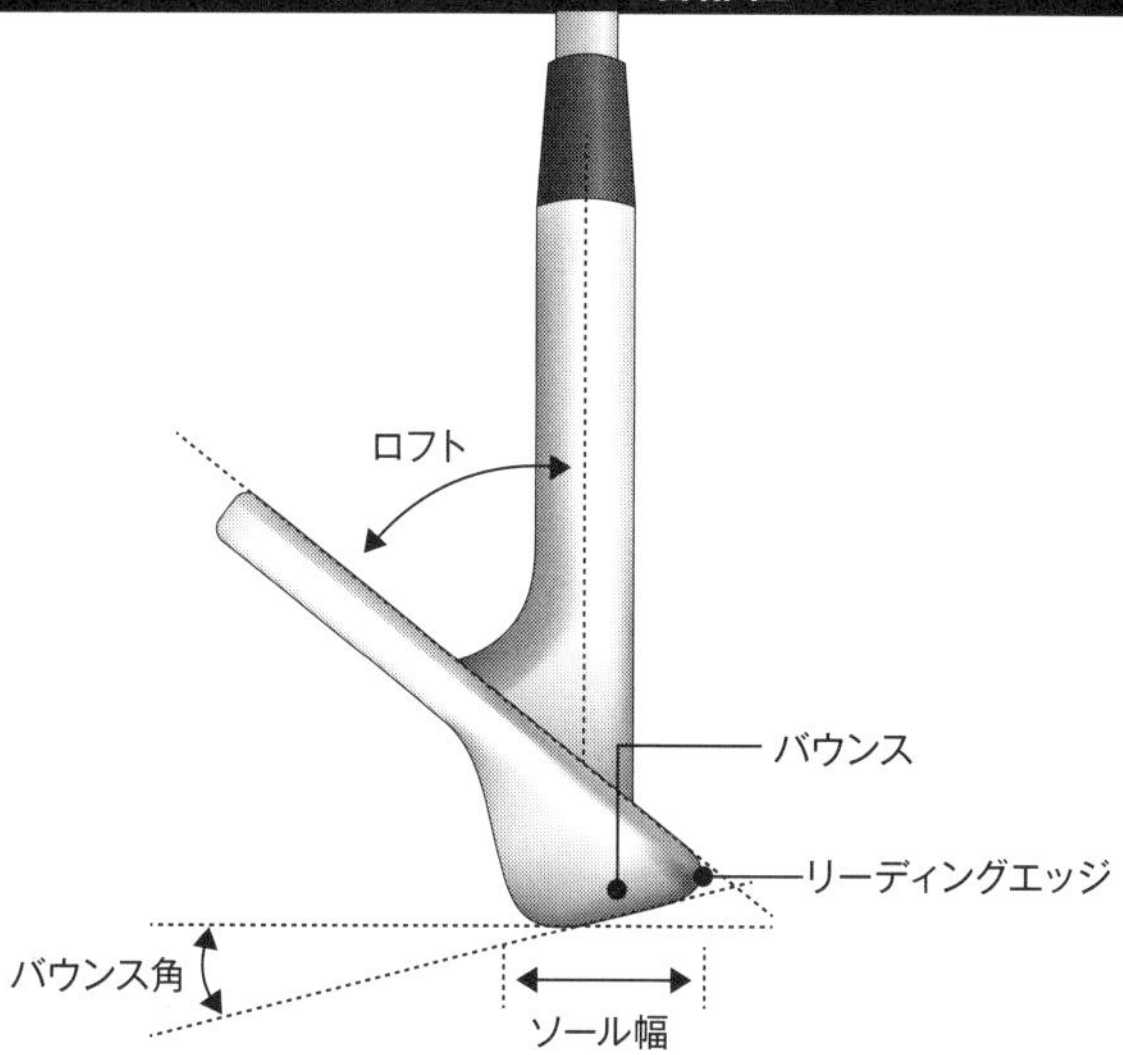
ロフト
バウンス
リーディングエッジ
バウンス角
ソール幅

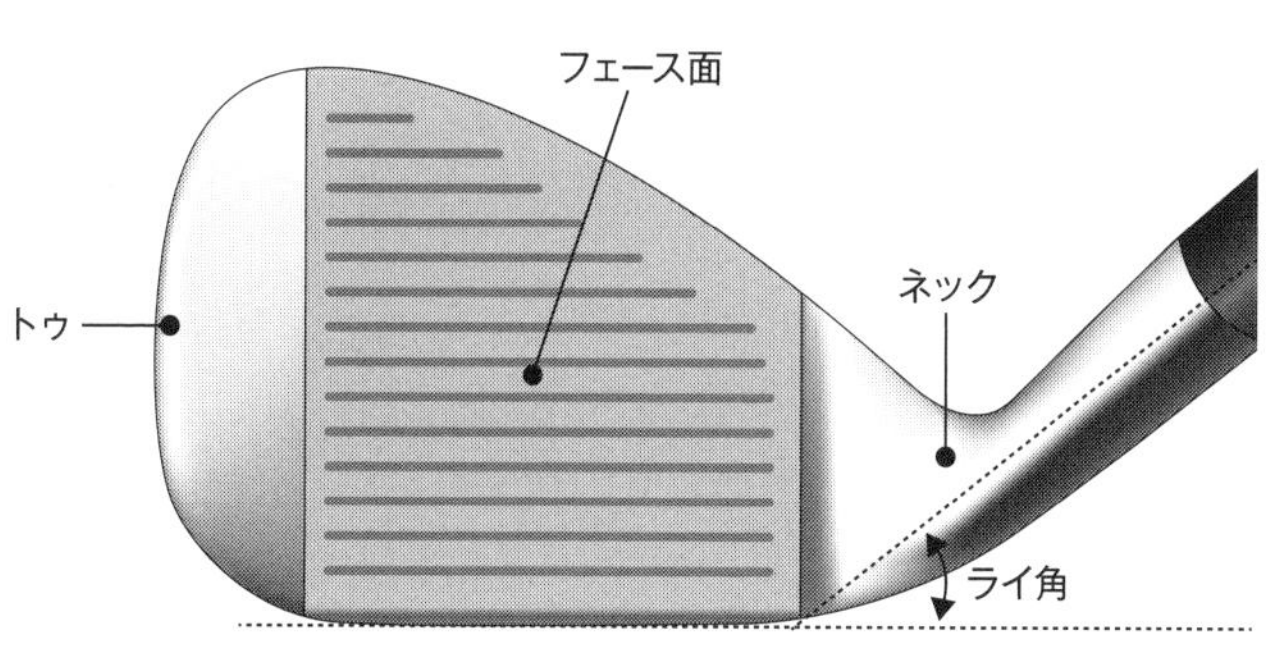
フェース面
トゥ
ネック
ライ角
リーディングエッジ

ングエッジに当たってトップになるというわけです。

また最近は、アプローチでクラブが地面に刺さりにくいようにバウンスが効いたタイプのクラブも出ています。バウンスが効くというのは、例えば、川辺などで石を投げて水切り遊びをするとき、石の下に少し丸みがついているほうがよく水切りするのと同じ原理で、クラブのソール部分に丸みをつけたものです。しかし、**固い地面だとバウンスが効いていることによって強く弾かれてしまい、トップにつながることもある**ので注意しましょう。

あと、グリーン周りでよく見かける典型的なパターンは、トップしてグリーンを行ったり来たりするミスです。

短い距離なのに飛びすぎるということは、それだけ飛ばせるクラブスピードと当て方にしているわけです。SWやAWはクラブスピードや振り幅の割に「飛ばない」という特徴を持っていて、それをメリットとして利用できれば良いのですが、デメリットとしては振り幅を大きくしないと飛ばない。つまり当て方がまだ安定していない方が持つのは様々なミスが出て当然であり、失敗しないアプローチの入門としては「振った割に飛ぶ」、もしくは「振った分だけ飛ぶ」クラブを選択することがアプローチの上達のステップになります。

まずは、こういったダフりとトップのメカニズムを理解しましょう。

ダフリ

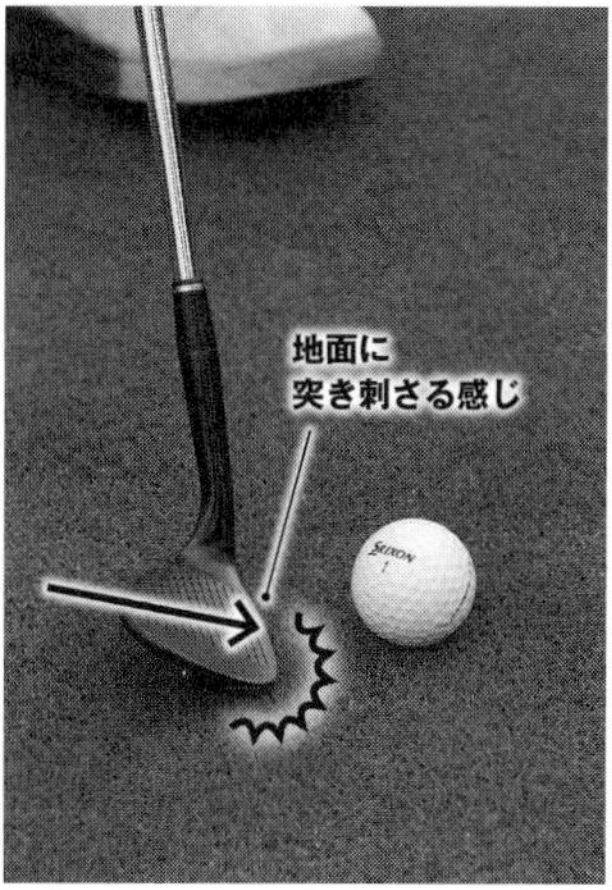
地面に
突き刺さる感じ

ハンドファーストにして手だけで打つとクラブが上から下に鋭角に落ちる。

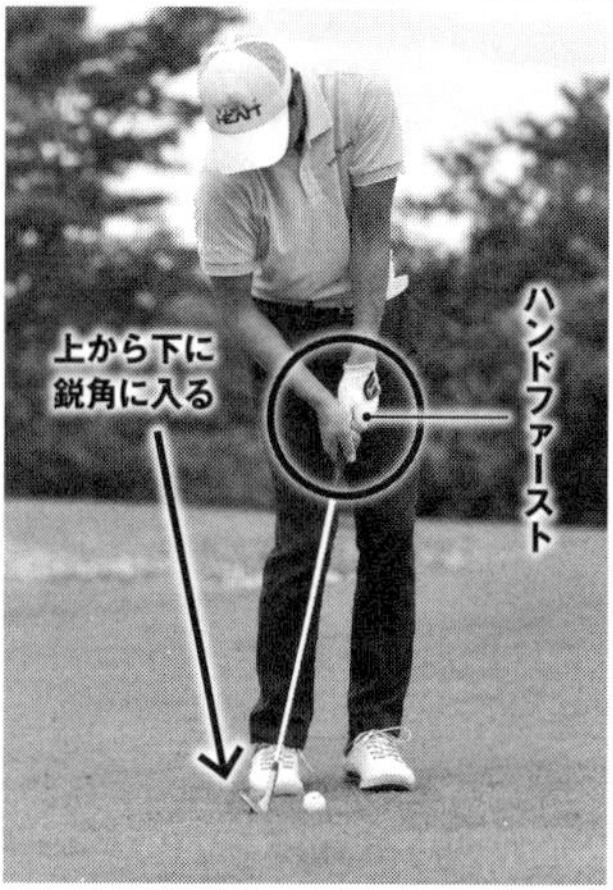
上から下に
鋭角に入る
ハンドファースト

クラブヘッドが、ボールの手前の地面に鋭角に入るとザックリのミスになる。

トップ

ボールに直接
リーディングエッジ
がぶつかる

リーディングエッジで直接ボールを打つと、振り幅に比例してミスも大きくなる。

手先を浮かせる

ザックリを防ごうと、手元を浮かせてヘッドを前に出すとトップのミスになる。

ライの状況を判断しよう

ライの組み合わせを見極めて失敗しないアプローチ法を導き出す

失敗しないアプローチを目指すには、ボールのライの見極めが非常に重要です。まず、ボールがどんな状況にあるのかをしっかりと確認しましょう。

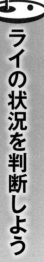

このライについては、前にも少し触れましたが大きく分けて3つあります。

❶芝目が順目か逆目か、❷ボールが浮いているのか沈んでいるのか、❸地面が固いのか柔らかいのか、の3つになります。

つまり**その状況下で打つとどういうミスが出るのか、そのミスを出さないためにはどういう打ち方をすればいいのかを判断する**基準になるのです。

例えば、❶の場合は、順目であればクラブが少し手前から入ってもソールが滑ってくれますから大きなミスにはなりませんが、逆目であれば芝目の抵抗が強いためボールの手前にクラブが入ると刺さってしまい、ボールが飛ばなくなるのです。いわゆるザックリというミスです。❷の場合は、ラフなどでボールが浮いている場合に、クラブを鋭角的に振り下ろすとクラブヘッドがボールの下をくぐってしまい、ボールがまったく飛ばないだるま落としのミスが出ます。反対にボールが沈んでしまった場合にはクラブヘッドが下に入る隙間が少なくなります。こういった場合は手前をたたきすぎるとザックリしますし、ボールの頭をたたくといわゆるチョロというミスになり、少し前に転がるだけになります。❸の場合は、地面が固い、もしくは土がむき出しのベアグランドのような状況では、クラブが手前に入るとソールが弾かれてしまいクラブの刃先、リーディングエッジに当たってトップするミスが起こります。地面が雨などで柔らかい場合はクラブが手前から入ると地面に潜ってしまいますから、まったく飛ばないというミスにつながります。

さらに、この**3つのライが組み合わさった場合にはどうなるのか**。例えば、逆目で地面が柔らかい、しかもボールは沈んでいるという一番難易度が高い状況では、ボールの手前にクラブが入ると即ザックリします。ですからロフトを立ててエッジからボールにクリーンに当たる打ち方にしないといけない。ではその打ち方にするには、ハンドファーストに構えることから始めよう、というふうに状況に応じたアプローチ法を導き出すわけです。

ゴルフ場や天候・季節によってライは千変万化しますので、しっかり見極めましょう。

❶芝が順目か逆目か

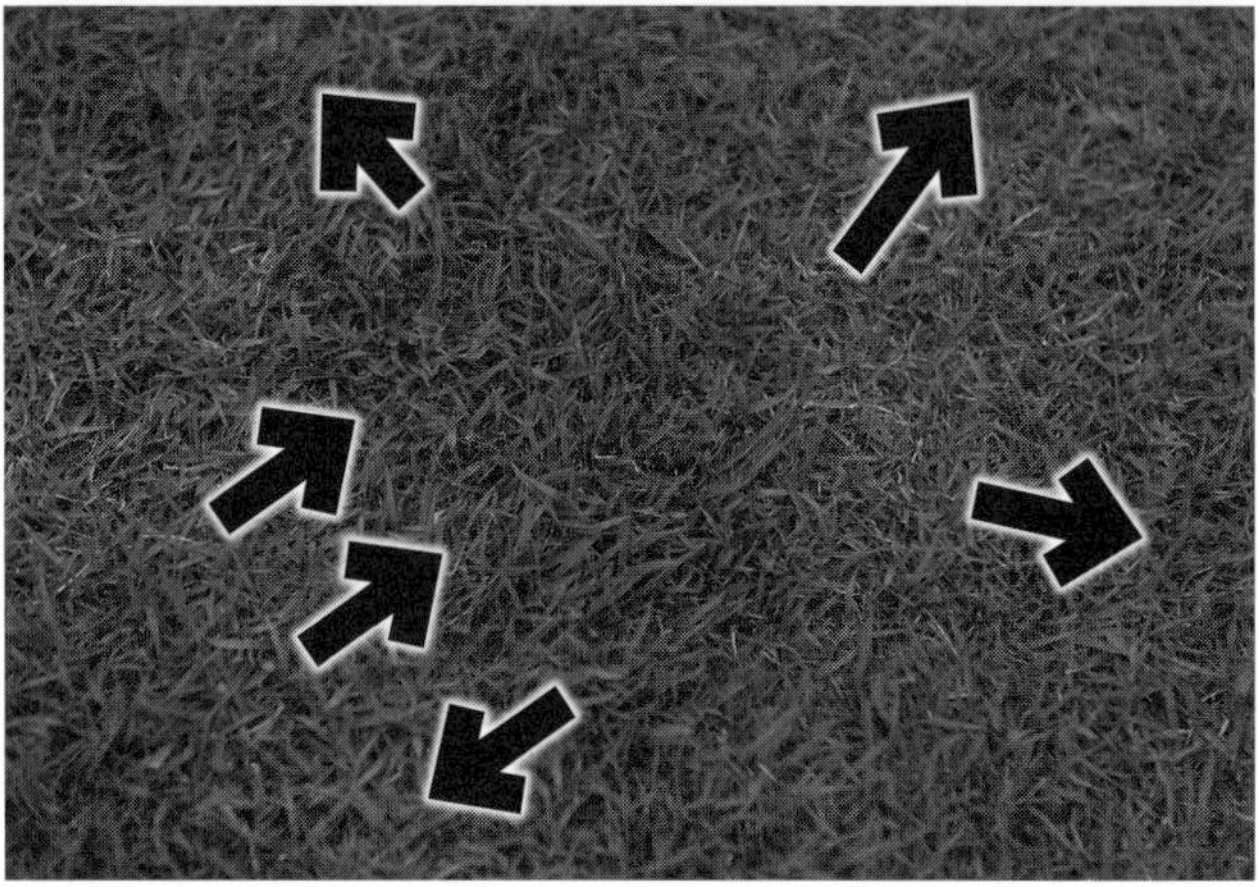

グリーン周りの芝の状態は様々なので、まずボールがある位置の芝目が打つ方向に対して順目か逆目なのか、その強さの度合いも目でしっかり見て確認しよう。

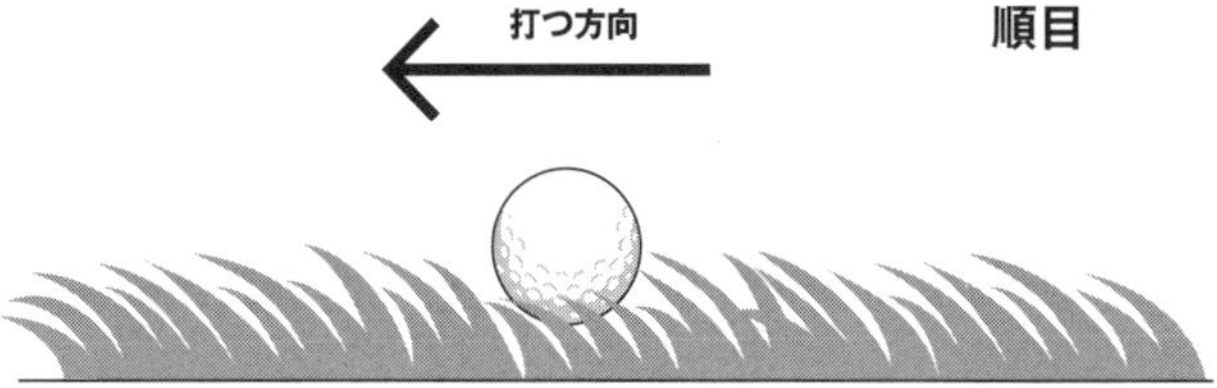

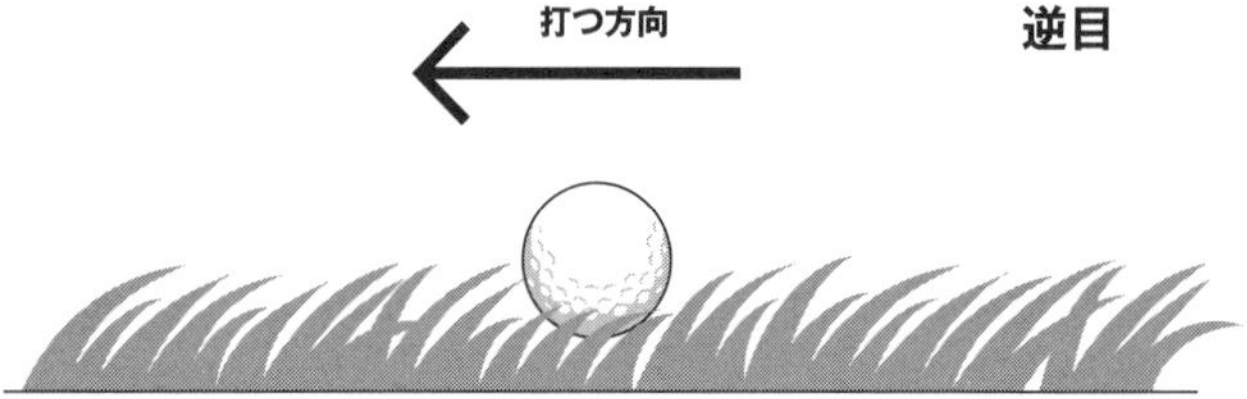

打つ方向に対して、芝目が同じ方向に向かって生えている順目だと、クラブが滑るのでミスも少ない。芝目が逆に向かって生えている逆目だと、芝が深く、密集しているほど抵抗が大きくなるので難しくなる。

❷ボールが浮いているのか沈んでいるのか

グリーン周りにはラフも多い。そのラフにボールが浮いているのか沈んでいるのか、まずはクラブをボールの後ろにセットして高さを確かめよう。

1cmくらい浮いているのがティーアップした状態で最も打ちやすいが、その3倍以上になるとクラブがボールの下をくぐるだるま落としのミスも出やすくなる。

❸地面が固いのか柔らかいのか

地面が固いのか柔らかいのかは、ボールから少し離れて実際にクラブを地面に当てて素振りして確かめてみよう。芝が剥げているとベアグランドのように固い場合もあるから注意が必要だ。

地面が固い場合は、手前から打つとソールが地面に弾かれて、リーディングエッジがボールに当たり、トップのミスが出やすくなるので注意しよう。

同じライで素振りをして抵抗を確かめる

ライの状況判断の次に重要なことは素振りです。順目や逆目は見た目で判断できますが、**ラフの強さや地面の固さは、実際に同じライで素振りをしてみないとわかりません。**

例えばラフであれば、ボールから30㎝ほど離れた同じような場所で素振りをしてみる。ラフは深さだけではなく密度も影響してくるので、抵抗が少なくクラブが抜けやすいようであればクラブスピードもそれほど上げなくていいのですが、逆に抵抗が強くてクラブが急激に減速するようなら、いつも以上にスピードを上げなくちゃいけない。スピードを上げるといつも通りのクラブの向きだとボールが飛びすぎてしまうので、飛ばないようにロフトを少し上に寝かせたほうがいいという組み合わせになってきます。

また、地面の固さについても、**素振りで地面に当てて判断**します。地面に当てて打つということはボールを上げるということなので、クラブが止まるような抵抗がなければ地面としては刺さりにくい固さということになり、そのまま上げるイメージのアプローチを選択します。ところが、思ったよりもクラブが抜けずに刺さるようであれば、手前からソールを滑らせて入れることはできませんから難易度は高まります。状況的に上げる必要がないのであれば、ボールをクリーンに打って転がすほうが失敗しない選択肢になるのです。

ラフの抵抗や地面の固さを知る

ボールから離れて同じような深さのラフで地面に当てるように素振りをする。ラフの芝の抵抗や地面の固さを確認してから、ボールを上げるのか転がすのかを決める。

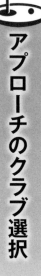

アプローチのクラブ選択

距離に適したクラブを使う

まずアプローチで使用する基本クラブは、９番アイアン（以下９Ｉで表示）、ピッチングウェッジ（以下ＰＷ）、アプローチウェッジ（ロフト角約50度〜52度、以下ＡＷ）、サンドウェッジ（ロフト角約57度〜59度、以下ＳＷ）の４本です。

50Ｙ〜30Ｙのアプローチは、ＡＷやＳＷを使ってボールを番手のロフト角通りに上げて転がすピッチエンドラン。私の場合だと52度のＡＷで50Ｙ打つ場合は、40Ｙキャリーして10Ｙランさせるのが基本です。20Ｙ以内では、ＰＷや９Ｉを使ってボールをあまり上げないで転がすランニングアプローチが基本になります。30Ｙ〜20Ｙはライ次第です。

なぜクラブを使い分けるかというと、30Ｙ以上の距離のあるピッチエンドランはクラブの振り幅も大きくゆっくりしたリズムで振れるので距離感を合わせやすい。そしてＡＷやＳＷのソールは幅が広いので、ソールをボールの手前の芝生に先に当てて滑らすように打つとダフりも少なくボールが簡単に上がります。逆にPWや9Iを使うランニングアプローチだと、30Y以上の距離になると転がり方がライの状況に大きく左右されるので距離感を出すのが難しくなるからです。

一方、20Y以内になると、振り幅も小さくリズムも速くなるので球を上げるようなピッチショットでは距離感が出しにくくなり、距離を加減しようと思ってとっさに手が緩むとダフりますし、クリーンに入れようと思って地面に弾かれるとトップしてしまい大きなミスにつながります。しかしランニングアプローチだと、PWや9Iはロフトが立っているのでダフりのミスも少なく、振り幅も小さいのでトップしても大きなミスにはなりません。

つまり、同じアプローチでも、距離と使うクラブによって真逆の考え方が必要になるのです。

また、20Y以上のアプローチと20Y以内のアプローチでは身体の使い方も違ってきます。ライの状況によっても変わってきますが、基本的には**20Y以上のアプローチでは体幹をちゃんと動かす、いわゆる下半身主動の動き**が必要です。そして**20Y以内のアプローチでは、逆に身体は動かしません**。でも動かさないようにしようと思っても勝手に動くので、あとで紹介しますが、最初から身体を止めるセットアップを行うことが重要なのです。

50Y以内のクラブ選択

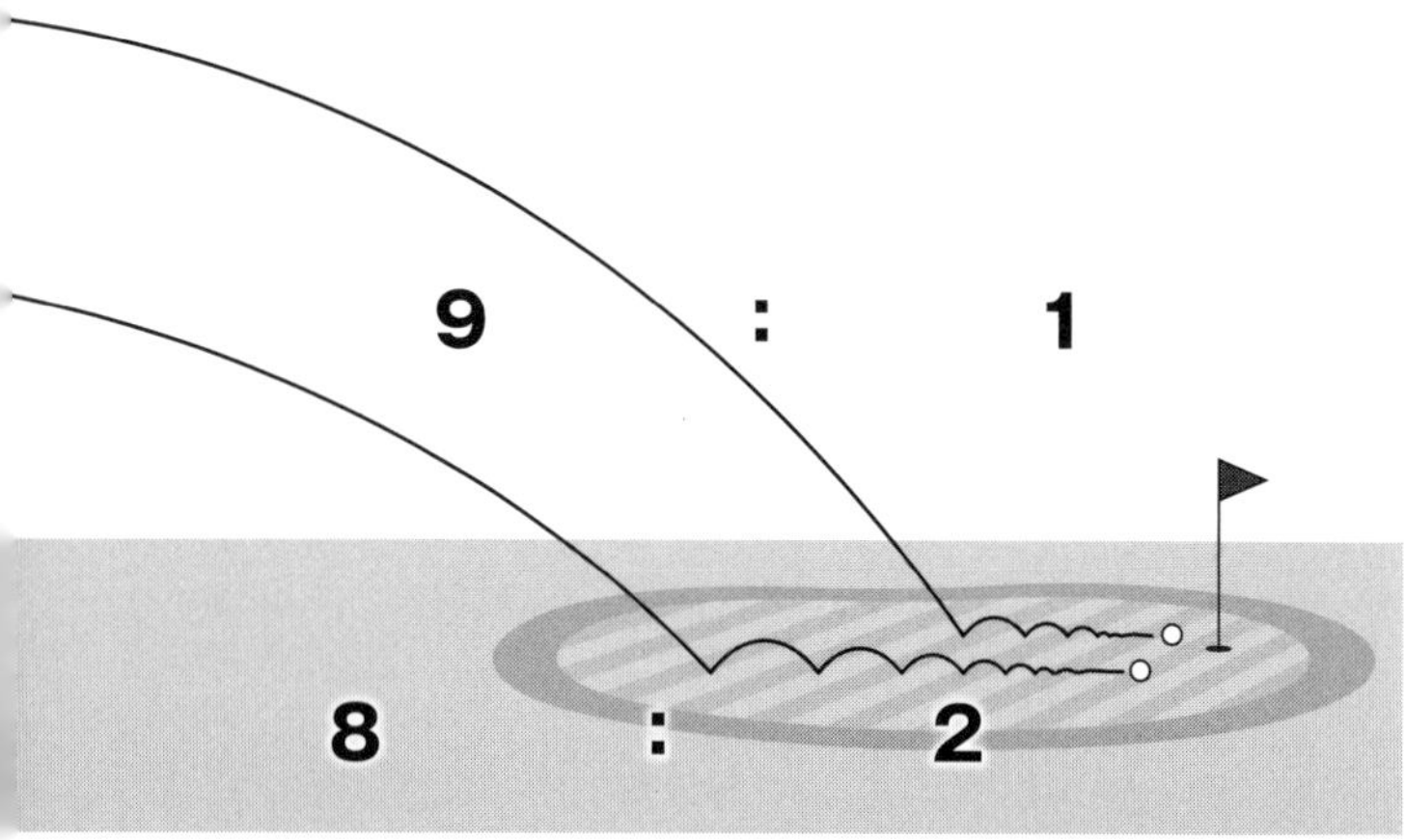

ピンまで50Yのアプローチは、ライがよければAWやSWを使ったピッチエンドランが基本。その際、AWとSWのキャリーとランの違いを把握しておこう。

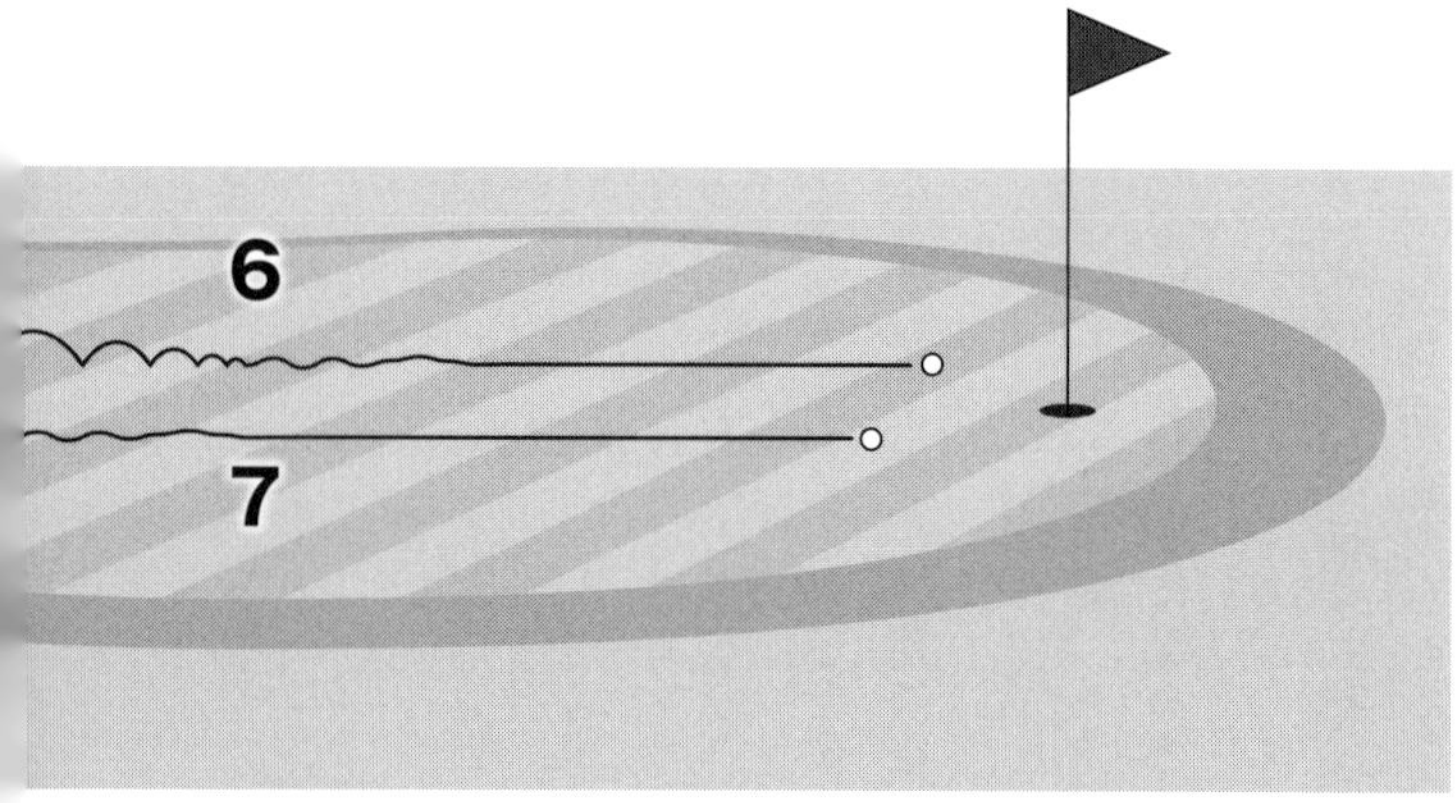

ピンまで20Yのアプローチは、9IやPWを使ってボールを転がすランニングアプローチが基本。転がる距離が長くなるのでボールを落とす位置に集中しよう。

50Yのアプローチ
（ピッチエンドランのイメージ）

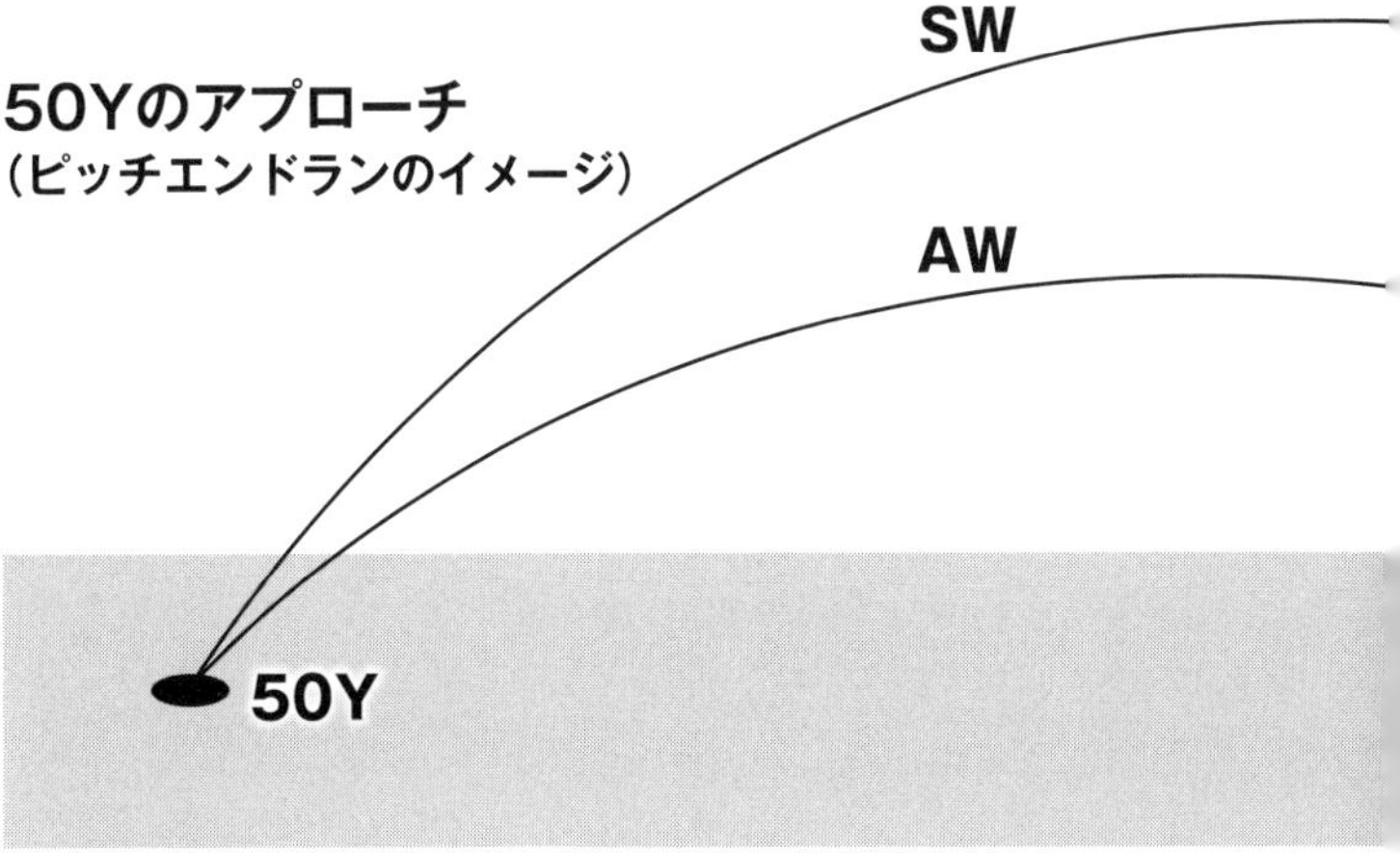

20Yのアプローチ
（ランニングアプローチのイメージ）

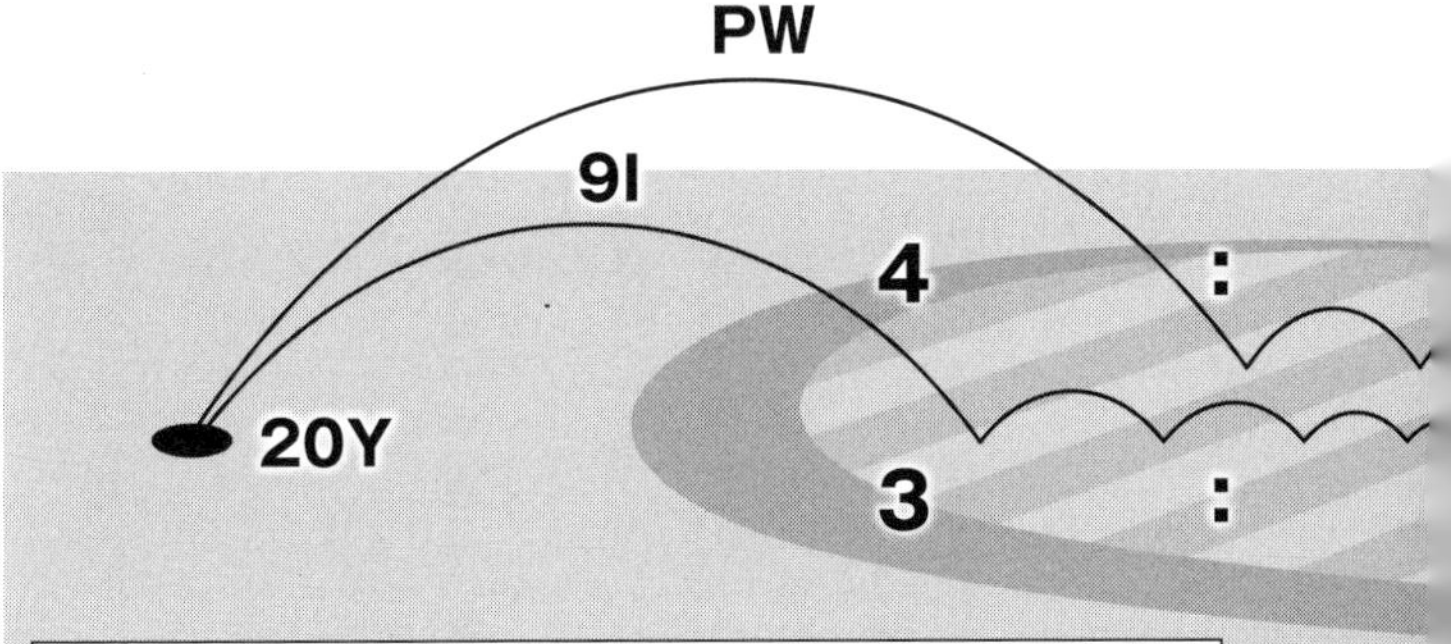

ショートアプローチ編の解説では「9Iを使って」という解説になっていますが、これはまず入門（初心者の方はまずは出来るようにしてほしい）として推奨しています。練習を重ねて当て方のコツをつかみ、他のクラブでもミスが出ないようであればご自身の使いやすいクラブ（PWやAW、SW）に置き換えていくことも当然問題ありません。

失敗しても失敗にならないアプローチを目指す

失敗しないアプローチを習得するうえで、ライの状況判断や、アプローチの距離に適したクラブを知ると同時に、もうひとつ大切なことは、**意図的に失敗ができるようになること、失敗の方法を知ること**です。

ラウンドレッスンなどのとき、「AWを使って、失敗するイメージでダフらせて打ってみてください」という私の指示通りに打ったスクール生が、「ダフらせて打ったつもりなのに、意外に上手く打てちゃいました。どうしてでしょう?」と、上手くいったことを不思議がって聞いてくるケースがあります。

つまりスクール生本人のなかでは「ダフる＝ミス」と思い込んでいるのですが、ソールが地面に触れたあとボールに当たることでボールが上がるわけですからミスではありません。

「じゃあ、次はロフトを立ててダフらせてみましょう」と指示して打ってもらうと、今度は実際に地面に刺さるわけです。

そこでスクール生に、「どのようなダフり方ならいいのか？」について考えてもらいます。すると、最初はソールから滑らせて打った、だから地面に刺さりづらかったんだ、失敗したのはロフトを立てたためソールが使えなかったからだということが理解できるのです。ダフりとは反対に、AWでトップさせて打ってもらい、通常に打ったときとの距離の違いについて把握してもらうこともあります。そして9Iでも同じようにトップさせて打ってもらうと、AWでトップを打つと距離の違いが大きいこと、9Iではあまり差が出ないということに気付くのです。つまり「トップ＝ミス」だと思っていたのに、9Iだとミスになりにくいということが理解できるわけです。

つまり、**恐れないでいい失敗、失敗しても失敗にならない失敗ということが理解できれば、様々な状況において役立ってきます**。例えば、このライは逆目でザックリする可能性があるというふうに判断したら、〝ここはAWで上げるより9Iでトップ気味のランニングアプローチのほうが失敗は少ない。そして振り幅が小さければトップしても想像以上に飛ぶ心配もない。よし、9Iで転がそう〟という選択肢につながります。

本書で紹介する、失敗しても失敗にならないアプローチの数々をぜひ会得してください。

まとめ

意図的に失敗ができることが失敗しない選択につながる

意図的に失敗してみる

AW をボールの 2 ～ 3cm 手前にわざとダフらせたあと、ソールを滑らせることでボールは上手く上がることを理解しよう。

コースでのラウンドでは、トップやダフり、ザックリなど様々なミスが出る。そのミスを意図的に出せるようになることで、失敗のメカニズムが解明できる。

第２章

サイコーアプローチの基本の動きを分析トップ・ダフりを狙え

50Y 以内のアプローチ術。わざとトップさせて打つ、わざとソールをダフらせるなど、わざと失敗させて打つサイコーアプローチならではの秘術も大公開！

状況を見て上げずに済むなら上げない

パターが一番ミスが少ない

私が考えるアプローチの基本は、失敗しないアプローチです。特にピンまで20Ｙ以内になるとミスはスコアに大きく影響します。前の章でも言いましたが、ボールを上手く上げるには、クラブの入れ方、クラブの当たる場所、そしてクラブスピードの３つが揃わないと大きなミスにつながります。ですから、ピンが近くなるほど、クラブの振り幅も小さくなり、ヘッドスピードも出せなくなりますので、ボールを上げて寄せる難易度は非常に高くなるわけです。

その反対に、９Ｉを使った20Ｙ以内のランニングアプローチだと振り幅も小さく、ヘッドスピードとボールの飛び出すスピードが同じくらいですので、ボールコントロールもしやすくなり、ピンに寄せやすいのです。さらに、ピンまで障害物もなくライの状況もよければ、**パターを使うのが一番ミスが少ない**ので、パターは積極的に使いましょう。

まとめ

状況に応じて失敗しないアプローチの優先順位を設けよう

失敗しないアプローチのクラブ優先順位は、パター（右から）、9I、PW、AW、SWの順番となる。

実際のラウンドでの20Y以内のグリーン周りでの選択肢としては、まずパターが使えるかを考えます。**パターが使えないようなラフや複雑な傾斜がある場合は、9ⅠやPWでのランニングアプローチが使えるかを判断**します。その場合、9Ⅰならピンまでのキャリーとランの割合が3：7なので、落としどころが平らかどうかが判断基準になります。その落としどころに傾斜などがあり、イレギュラーなキックが起きそうな場合はその選択肢はなくなりますので、最後はAWやSWで上げるアプローチというのが最終手段です。

実際のラウンドでは様々な状況が現れますので、その状況に応じてこのように失敗しないアプローチの優先順位を設けて、プレーすることを身に付けましょう。

20Y以内は9Iを使ったランニングアプローチで寄せる

まずはボールを手で投げて寄せてみよう

20Y以内のアプローチでは、まずボールをピンにめがけて手で低く投げてみます。このとき、**ボールの高さやスピード、落下地点、ピンまでのボールの転がり方を確認**しておきます。そして、**ピンに一番近付いたときのボールの高さや落下地点**を覚えておきましょう。

次に9Iを使って、一番ピンに近付いたときのボールの高さや落下地点を同じようにイメージしながらアプローチしてみるのです。9Iは、クラブのスピードとボールの飛び出すスピードが同じくらいなので、ボールの落下地点をイメージしやすいのが特徴です。AWやSWはボールが上がる分、クラブスピードに比べてボールスピードは遅くなります。

さらに9Iは、**❶振り幅が小さいので打点が安定し、フェースコントロールしやすい、❷トップが出てもスピードがあまり出ないので距離におけるミスが小さい**、などのメリットもあるので、マスターするとグリーン周りでのゴルフ力が上がるはずです。

レッスン動画はこちらから!

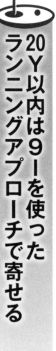

まとめ

手で投げたボールをイメージして9Iでアプローチする

球筋のイメージ作り

クラブで打つ前に、まず手でボールを低く投げて、どのような球筋だとボールが一番ピンに寄るのかを、5～6回繰り返し確かめる。

投げたあと、一番ピンに近付いたボールの高さやスピード、落下地点などを覚えておき、9Iで同じような球筋をイメージして打つ。

低いボールを打つ構えと打ち方

ボールは左足寄りで、ハンドファーストで打つ

9Iを使い、ボールを低く打ち出して20Yのピンに寄せるためには、まず低い球が出せる構え方にすることが大切です。私がレッスン生に「9Iで低い球を打つ構えをしてください」と言うと、皆さんハンドファーストにして、ボールを右足寄りにセットします。つまり上から打ち込む構えです。この体勢だとボールにピンポイントに当てなくてはいけなくなるため、手前に打ち込むとザックリ、前に打点がずれるとボールの頭をたたく、いわゆるチョロが出て飛びません。つまり、**9Iという安全なクラブチョイスをしたはずなのに、失敗する確率が高い構えになっている**のです。

大切なのは**セットしたフェースの角度を、バックスイングからフォロースルーにかけて変えないように打てる構えを作る**ことです。そうすると、ボールにピンポイントで当てる必要がなくなり、失敗する確率も少なくなるわけです。

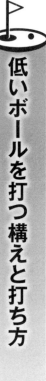

❶両足を揃えて、ボールを真ん中にセットします。
❷頭はボールの真上にセットしたまま、右足を少しだけ広げ、体重配分を右足4：左足6の左足体重にします。
❸クラブヘッドをボールのすぐ後ろにセットし、腕とクラブに一体感が出るようにグリップをしっかり握り、グリップが左足の前に来るようにハンドファーストに構えます。
❹ハンドファーストのまま、パターを打つときのように両肘を軽く曲げ、地面から少し浮かして吊り下げるようにします。

この構えが、低い球を打つセットアップになります。あとはパターを打つときと同じように、この構えを維持したまま両手を左右に動かし、横から払い打つようなイメージでストロークしましょう。

このとき20Y以内のアプローチでは、体重移動はしません。ずっと左足体重のまま、腕の振りだけで距離を合わせます。腕を振るときに身体がブレないように、足とお腹に力を入れておくことも大切です。ちなみに9Iで20Yを打つ場合、クラブの振り幅は時計で8時～4時になりますが、テイクバックを小さく、フォロースルーを大きくするイメージを持つとスイングが緩みませんので、ぜひ心掛けてください。

9I でのランニングアプローチ

3

手首を低い位置にキープしたまま先行させ、横から払うようなイメージでストロークする。

4

バックスイング1に対して、フォロースルーは2になるようなイメージで大きく振る。

まとめ

体重移動は必要なし、ずっと左足体重のまま打つ

1

右4：左6の左足体重にして、左足前の位置にグリップが来るハンドファーストに構える。

2

ハンドファーストの形を維持したままテイクバックするとき、手首は低い位置に保つ。

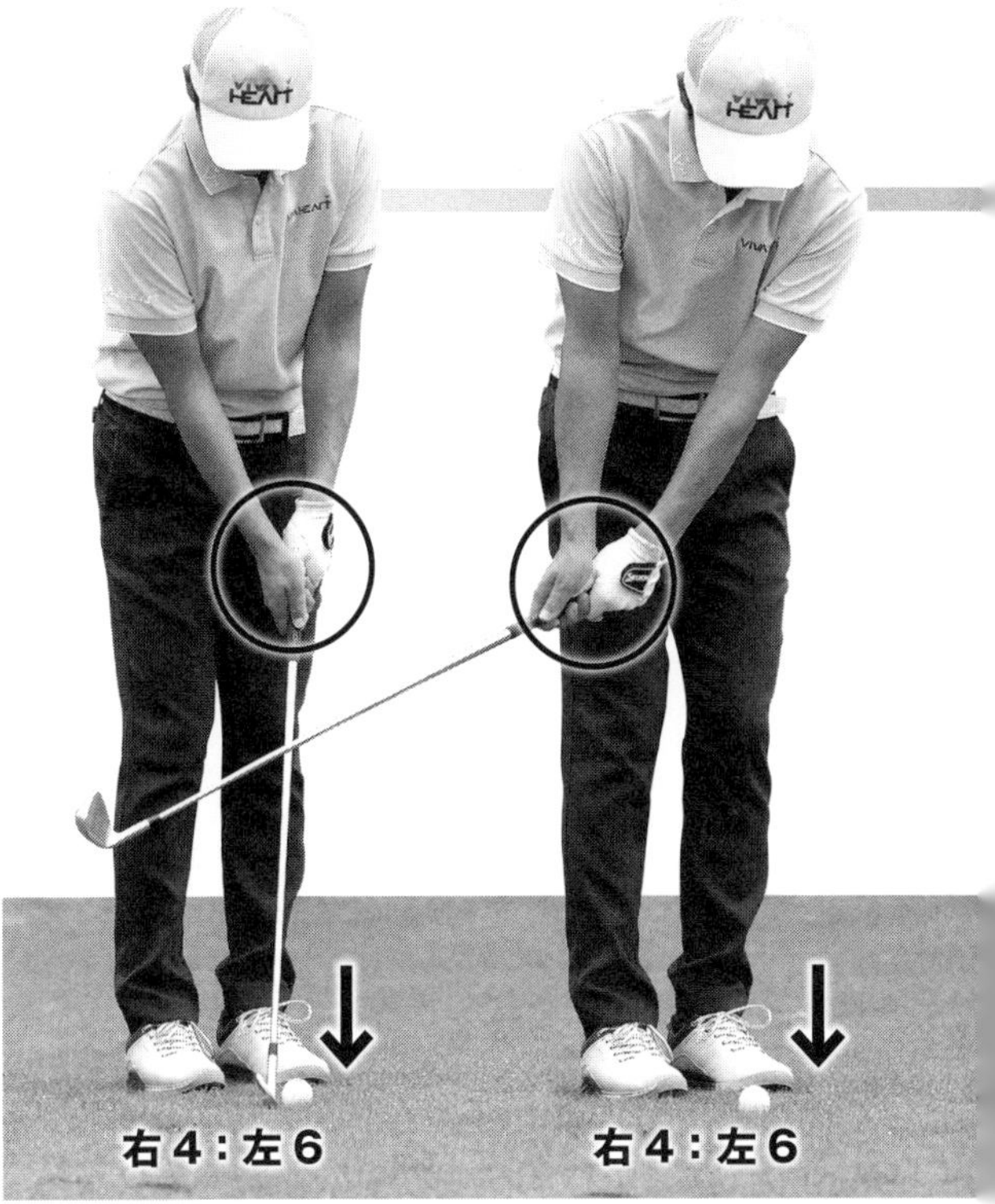

左手グリップを左に押す意識

ハンドファーストを維持したままスイングできる

低いボールを打とうとしてハンドファーストに構えたとき、特に意識してほしいのが、左手でグリップを押す意識（P73写真参照）です。その理由を理解するために、まず右手でクラブの真ん中を軽く握り、身体の正面に立てます。そして、左手でクラブのグリップを飛球線方向に押すと、ヘッドは逆方向へ移動します。この形がハンドファーストです。

この形を維持し続けてスイングすることで、ロフトが立ち、低い球を打つことができるのです。しかしインパクトからフォロースルーにかけてヘッドを上げようとする、つまりすくい打ちの形になってトップやザックリのミスをするアマチュアの方が多く見られます。

このとき、インパクトからフォロースルーにかけても、左手でグリップを押し続ける感覚を持ちましょう。すると、**クラブよりも手が先になったままのスイングができるので、ハンドファーストの形を維持して低い球が打てる**のです。

まとめ

インパクトからフォロースルーにかけても左手グリップを押し続ける

ハンドファーストのメカニズム

クラブの真ん中を支点にして持ち、グリップを自分から見て左に押すとクラブヘッドは右に動き、ロフトが立つので低い球が打てる。

わざとトップさせて打つ

よりトップさせやすい構えと動き

ボールのライが、ベアグランドのような固い地面の場合は、クラブが地面に当たると弾かれてしまいトップのミスが出やすくなります。

こういった状況の場合は、**9Iでわざとトップさせて打つ**ことが有効です。

何度も言いますが、9Iならトップさせても振った以上に飛び過ぎるミスにはつながらないので、安心してトップさせることができるのです。

わざとトップさせる場合は、左足体重でヘッドを少し浮かせるなどの構えは同じですが、グリップが左足の前ではなく、ほぼ中央にしてグリップエンドがおへそを指すようにします。そしてグリップエンドがおへそを指したままパッティングのように肩を軽く上下させ、ボールの赤道の少し下をリーディングエッジで払い打つようにします。このとき**足の指で大地をつかむように立ち、腹筋に力を入れて身体がブレないように打つ**のがポイントです。

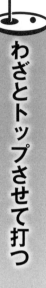

まとめ

ソールを地面に当てず、ボールの赤道の少し下をリーディングエッジで打つ

スイング最下点はボールの赤道の少し下

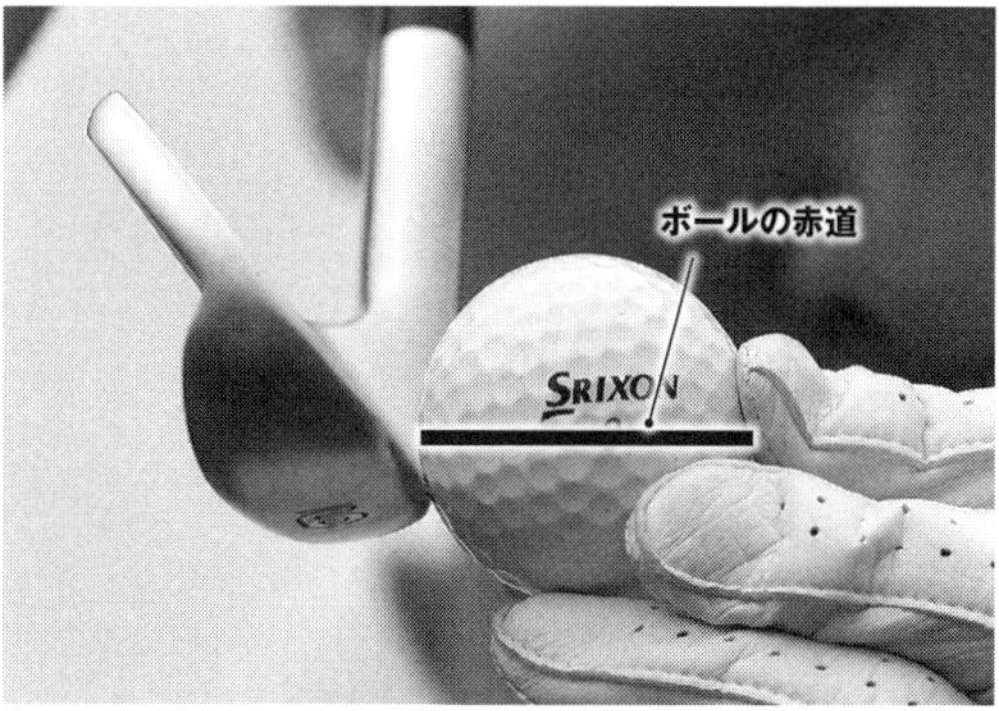
ボールの赤道
SRIXON

ヘッドを少し浮かし、グリップエンドをおへそに向けたままスイングして、リーディングエッジをボールの赤道少し下に当てる。

身体がブレないように腹筋と足に力を入れる。
グリップエンドがずっとおへそを指したままスイングする。

スイング軌道が安定するように、スイング中は足と腹筋に力を入れて身体がブレないようにして打つことを心掛けよう。

距離が近くなるほどリズムを速くする

力を入れて腕とクラブを一体化させる

距離のあるアプローチの場合は、クラブも大きくゆっくり振ります。つまりクラブヘッドの重さを感じるように、腕や手首に力を入れず自然な振り子のような状態です。

しかし、距離が近付くにつれ飛ばしてはいけないという意識が働き、振りのリズムが狂うのです。よくある失敗が、ダウンスイングの途中で、このまま振れば飛びすぎると思い力を緩めて減速したためにクラブが手前に当たり、地面が固い場合はソールが弾かれてトップになり、柔らかい場合は地面に刺さってザックリのミスになります。

これを防ぐのが、足と腹筋に力を入れて身体と軸を安定させるのはもちろんですが、**腕に力を入れてクラブと一体化させ、リズムを速くして、緩ませないように打つ**のです。

例えば、距離のあるアプローチの振りがイ〜チ、ニ〜イ、という具合のリズムなら、近い距離はイチ、ニ、イチ、ニ、という具合に速いリズムで打つようにしましょう。

まとめ

イチ、ニ、イチ、ニ、という速いリズムでスイングを緩ませないで打つ

まずは素振りでリズムをつかむ

1

打つ前に、イチ、ニ、イチ、ニ、と素振りを何度か繰り返して、まずは速いリズムの感覚をつかもう。

2

リズムを速くする場合は、身体に力が入っていないと軸がブレるので、足、腹筋、腕に力を入れてスイングする。

20Y～50Yのアプローチはピッチエンドラン

インパクトの構えをキープしたまま左右対称にスイングする

ピンまでの距離が20Y以上になると、ランニングアプローチでは転がる途中で傾斜や芝生の影響を受けやすいので、**AWやSWを使って球を上げて転がすピッチエンドランがお薦め**です。まずクラブを身体のセンターに構え、ボールをすぐ左にセットします。構え方やクラブの振り幅はあとで紹介しますが、距離が遠くなるほど左足6：右足4の体重配分も5：5に近くなり、グリップの位置も少しずつ身体の中心に移動します。9Iでは両肘を少し曲げる形でしたが、ここでは両肘を少し伸ばして通常のショットに近い形にします。

どういう球を打ちたいかによって手首の柔軟性は変わるのですが、私が基本のアプローチとしているのは、**ガチガチに固める必要はありませんが、手首は動かさずに、最初に作ったインパクトの構えをキープしたまま、左右対称にスイングするイメージ**です。

手首を使ってコックが大きく入ると、ヘッドスピードが上がりすぎて飛びすぎたり、ク

レッスン動画は
こちらから!

ラブが鋭角に入りすぎてダフったりするミスにもつながります。ですから腕の形を変えないでスイングするほうがリズムも取りやすく、クラブ軌道も緩やかになるのでボールの強さも一定になり、距離感も合わせやすくなるのです。

また、30Y以上の距離になると腕だけで上げるのではなく、**左右の足裏の重心移動を使った下半身の動きから連動する、身体の捻転を使ってスイングすることも大切**です。身体の中で一番大きい筋肉である足の力を使った下半身主動の動きは、私のサイコースイング理論の肝ともいうべきものです。51ページで、左右の足裏の重心移動の手順を説明しますので、下半身の力を使ってスイングする方法をぜひ学んでください。

こうして下半身の大きい筋肉を使うとスイングをゆっくりさせることができるので、さらにリズムも取りやすくなるのです。反対にゆっくり打つことができない場合は、下半身の大きい筋肉が使えていない証拠です。まずは左右の足裏の重心移動を使った下半身主動のスイングを覚えましょう。

ピッチエンドランの場合は、距離が遠くなるほど、体重配分が５：５に近くなる。

球を上げて転がすピッチエンドラン

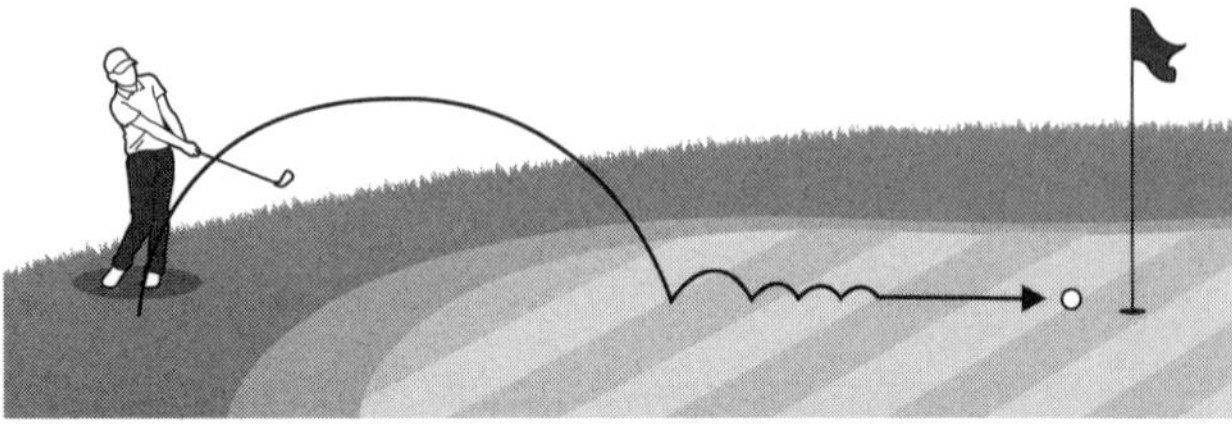

30Y 以上の距離のあるピッチエンドランの場合は、腕の力だけではなく、足の大きい筋肉を使った下半身主動のスイングにするとゆっくりしたリズムで打てる。

アドレスでの重心位置

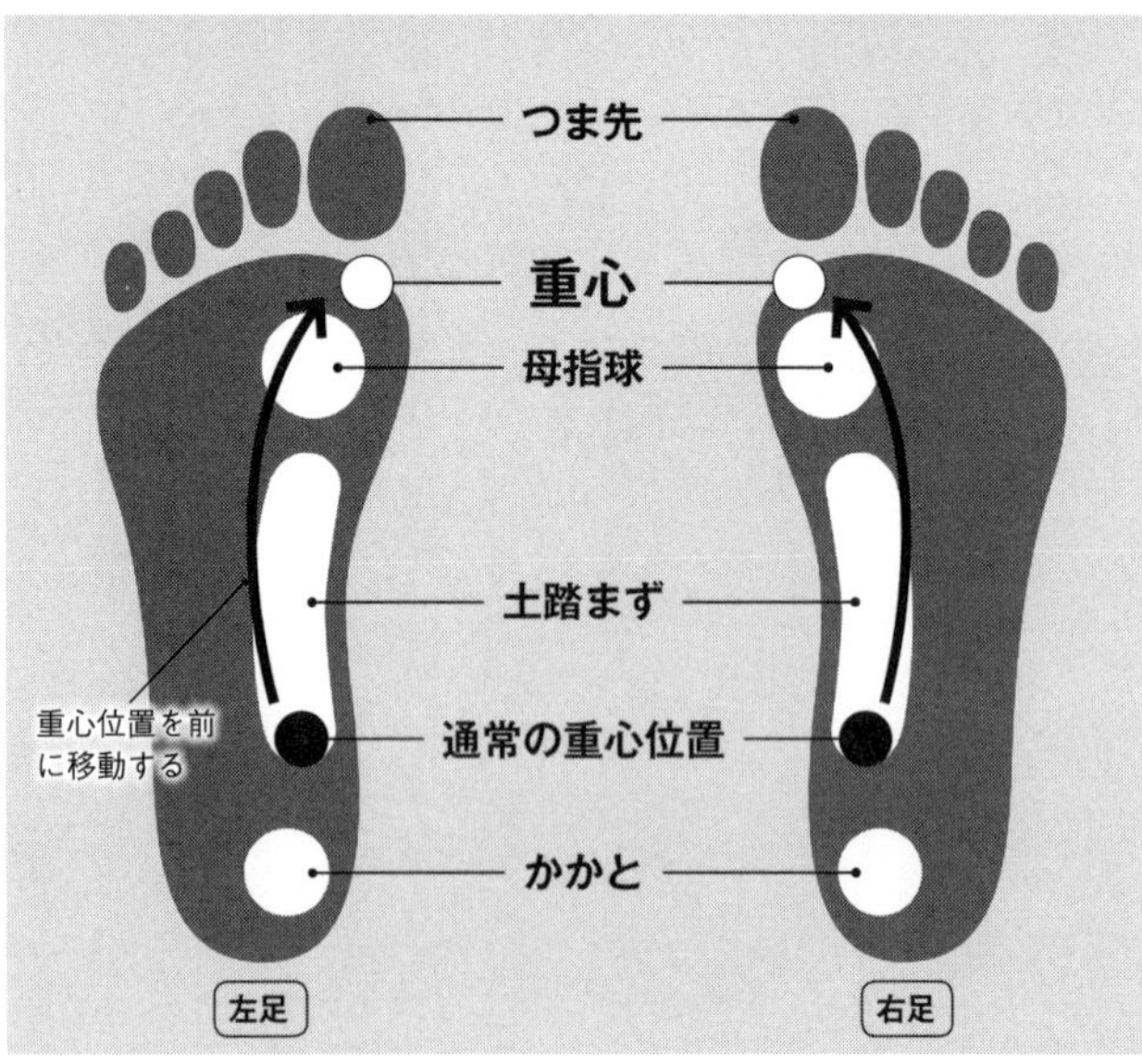

通常立っているときの足裏の重心位置は、土踏まずの後ろあたりにあると身体が安定する。しかし、ゴルフのアドレスでは前傾姿勢を取るため、軽く膝を曲げた状態で、重心が母指球と親指の付け根の中間あたりに来るようにすると下半身が安定する。

まとめ

クラブを腕だけで上げず、下半身主動のゆっくりスイングにする

足の裏の重心の動きを使った回転運動

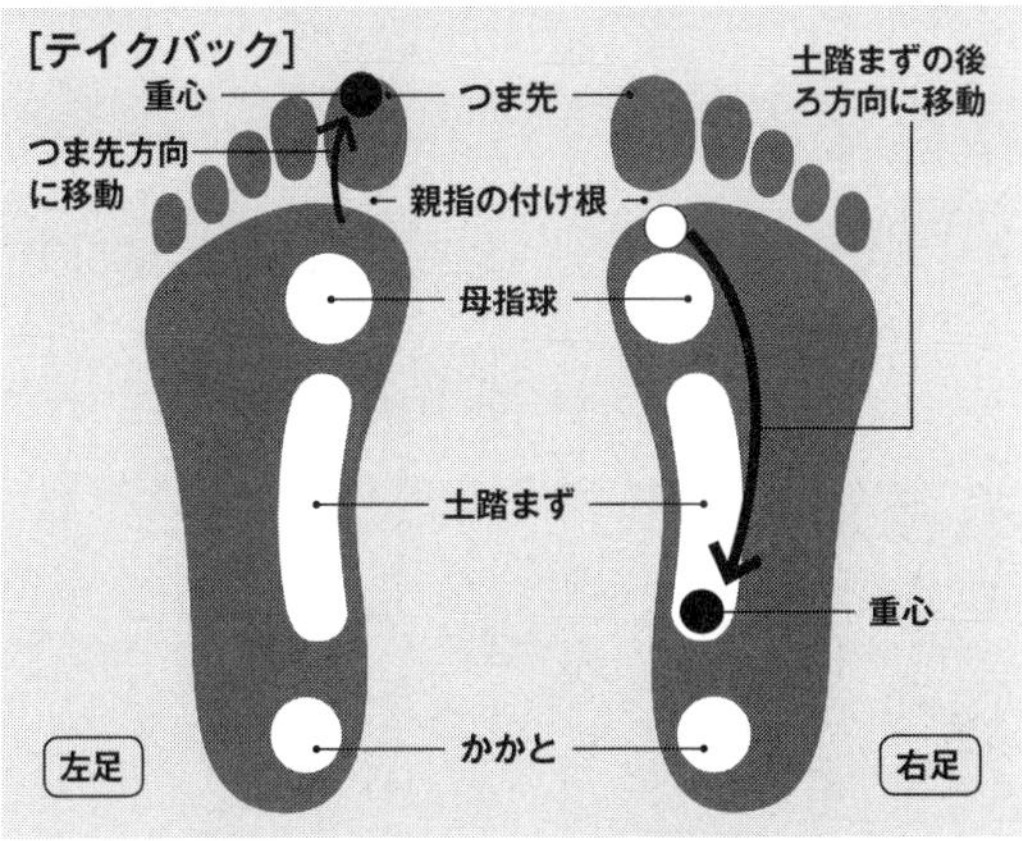
[テイクバック]
重心
つま先
土踏まずの後ろ方向に移動
つま先方向に移動
親指の付け根
母指球
土踏まず
重心
かかと
左足
右足

テイクバックでは、左足の重心は、母指球と親指の付け根の中間から親指つま先方向へ移動する。右足の重心は、母指球と親指の付け根の中間から土踏まず後方へと移動する。この移動によって身体には右への回転運動が起こる。

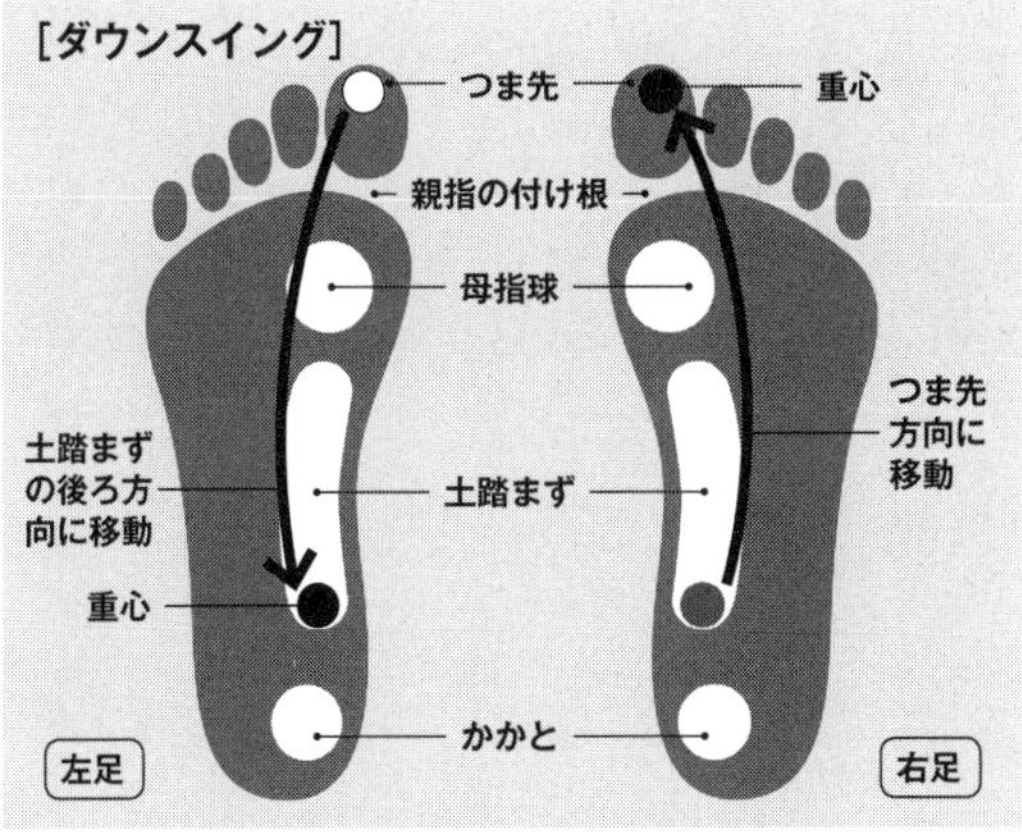
[ダウンスイング]
つま先
重心
親指の付け根
母指球
つま先方向に移動
土踏まずの後ろ方向に移動
土踏まず
重心
かかと
左足
右足

ダウンスイングでは、左足の重心は、親指のつま先方向から土踏まず後方へ移動する。右足の重心は土踏まず後方から親指のつま先へと移動する。この移動によって身体には左への回転運動が起こる。

ノーコックで打つと柔らかく高い球が打てる

ＡＷやＳＷはロフト角が大きいので球を上げやすくできており、ロフト角通りに当たれば柔らかい球を打つことができます。

アマチュアの方は目の前にバンカーや池があれば、それを越えたいと思うあまり、より高い球を打とうと思ってミスになることも多いのです。バンカーや池を越えてすぐのところにピンが切ってある以外は、それほど高い球は必要ありません。

そのため、**止まる球＝高い球とは限りません**。ハンドレイトまではいきませんが、グリップ位置をほぼ身体のセンターにしてロフトなりに構え、ノーコックで打てば、つまり腕とクラブが同調した状態で打つと、フェース面も当たりながら上に向いてくる動きになるので、強いインパクトにならずに柔らかい球になるのです。ここでコックが入れば手首と腕の角度ができた状態になり、クラブが鋭角に加速してインパクトをむかえることになるので、フェースが上を向いていないと強い球になってしまいます。気を付けてください。

距離の打ち分けは振り幅の大きさを基準にします。私の場合は、52度のＡＷを使った場合、20Ｙはクラブの先が時計の針で8時〜4時、30Ｙは9時〜3時、40Ｙは11時〜1時、50Ｙは12時〜0時になります。皆さんも時計の針をイメージしながら打ってみましょう。

まとめ

距離の打ち分けは振り幅の大きさを基準にする

手首の角度を変えないように意識する

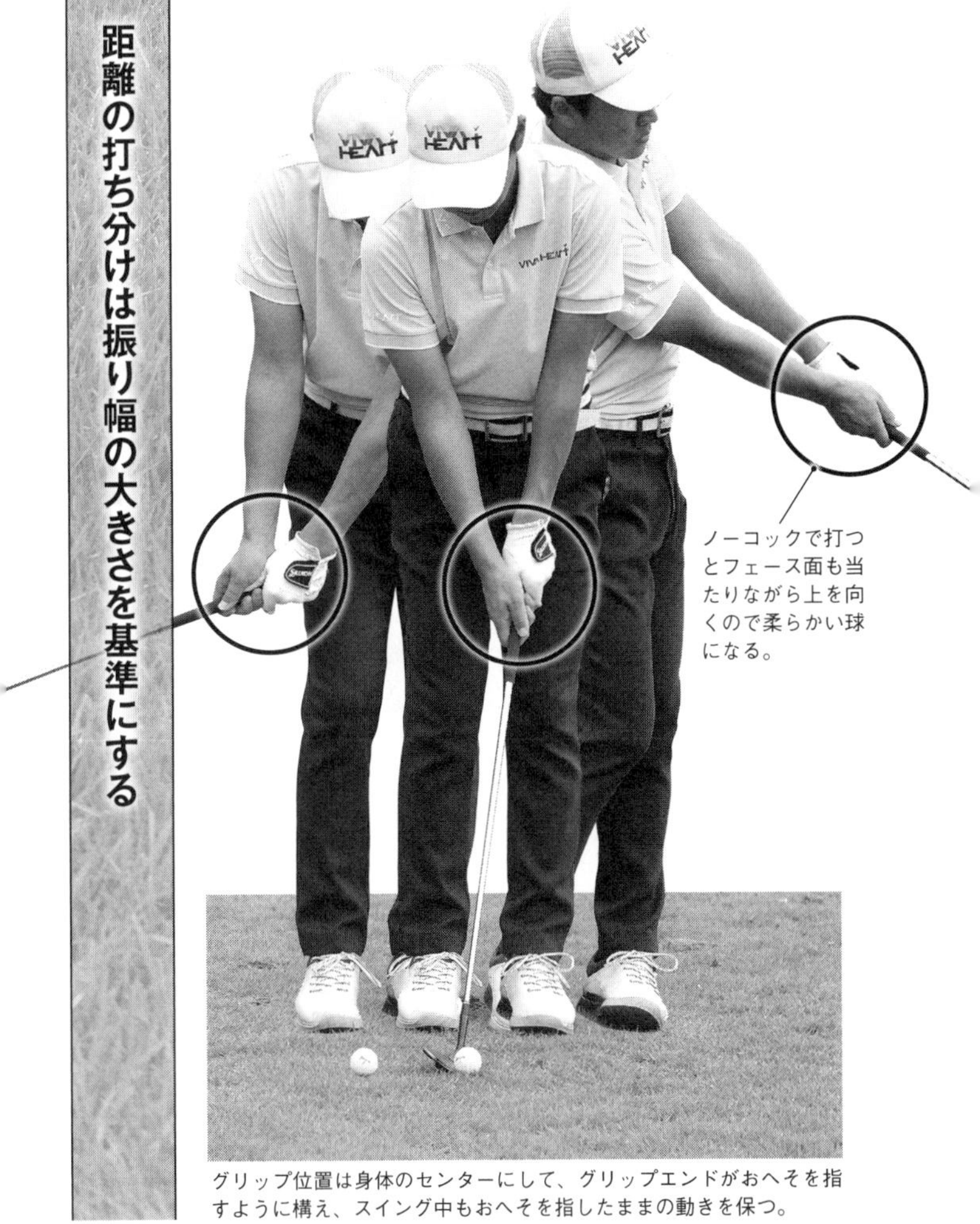

ノーコックで打つとフェース面も当たりながら上を向くので柔らかい球になる。

グリップ位置は身体のセンターにして、グリップエンドがおへそを指すように構え、スイング中もおへそを指したままの動きを保つ。

AWを使った20Y～50Yのピッチエンドランの振り幅

20Y

テイクバックは、腕とクラブを一体化させ、時計の針で８時の振り幅。

フィニッシュは、左右対称の振り幅になるように、時計の針で４時。

30Y

テイクバックは時計の針で９時。足裏の重心移動で下半身主体の動きに。

フィニッシュは時計の針で３時。左足に体重が乗りおへそが前を向く。

テイクバックは時計の針で 11 時。下半身主体の動きでゆっくりと振る。

フィニッシュは時計の針で 1 時。左足にほぼ体重が乗り身体も前を向く。

テイクバックは時計の針で 12 時。手首の角度は変えない意識を持つ。

フィニッシュは時計の針で 0 時。体重は完全に左足に乗り顔も前を向く。

ピッチエンドランのよくある失敗例

3

ザックリを嫌い手首を浮かせてボールをすくおうとする動きが、ミスにつながる。

4

クラブをしゃくりあげるスイングになり、トップやボールの頭をたたくチョロが出る。

NG

1

ボールの位置が右すぎると、自然とハンドファーストになり、打ち込む構えとなる。

2

ハンドファーストだと、クラブ上から下に鋭角に落ちてくるので手前を打つとザックリする。

わざとソールを滑らせて打つ

「ダフる＝地面に刺さる」ではない

アマチュアの皆さんは、「ダフる＝ミス」と考える方が多いのですが、そもそもボールが上に上がるには、クラブのソールがボールの下に入らなくてはいけません。

クラブヘッドが先に地面に当らないとボールの下には入りませんから、ダフりをしっかりコントロールすること、意図的にダフらせることができるようになるのが、上げ上手になることとなのです。「ダフる＝地面に刺さる」と思っている方は、ダフらせ方がわかっていないからなのです。

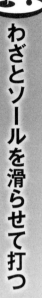

前の章で、底が丸い石だと水に潜っていかずに水切りショットができるのと同じように、AWやSWのソールにはバウンスがあるので、クラブが地面に潜っていかずにボールに当てることができるということを説明しました。

そのとき、上げるボールのライの条件としては地面の固さや芝目によっても変わってく

まとめ

インパクトに向けたクラブ軌道は飛行機の着陸をイメージする

バウンスを利用してソールを滑らせる

飛行機の着陸をイメージした緩やかなクラブ軌道で、ボールの手前3㎝くらいからソールを芝面に滑らせながら打つ。

るのですが、順目の芝のフェアウェイだとするとボールは地面から約1㎝浮いた、ソールが入る状態です。そして**ボールの2～3㎝手前の芝にソールから当たるよう意識をしてバウンスを利用するのです。**

ここで注意してほしいのがクラブ軌道です。上から打ち込むような鋭角的な軌道だとエッジから地面に入って刺さってしまいますし、アッパー軌道になると最下点が手前になりすぎてトップのミスにつながります。**クラブ軌道は飛行機の着陸をイメージした緩やかなレベルに近いダウンブローにして手前からダフらせると、**インパクトエリアを長く保つことができ、フォロースルーでも自然にクラブが上がっていくので、失敗が少ないのです。

振っていないのに飛んでしまう動きとは？

スイングを小さくするために打つ瞬間に身体の動きを止める

アプローチで高い球を打とうと思ったとき、クラブの振り幅は距離に応じて大きくなりますが、アマチュアの方のなかには、打つ瞬間にこのままでは飛びすぎると思い、スイングを小さくしようとして身体の動きを止める方がいます。

すると手の動きも止まってしまうので、結果ヘッドだけが走ってしまいヘッドスピードが速くなってさらに飛びすぎるミスにつながるのです。

手が緩んでクラブが地面に弾かれてトップした場合も、同じように飛びすぎのミスが生まれます。

つまりバックススイングの振り幅のイメージが大きすぎるのが原因です。

高い球を打つときの振り幅はバックスイング4に対してフォロースルー6のイメージを持ちましょう。身体の動きもスムーズになり、手の緩みなどのミスも少なくなります。

まとめ

バックスイング4、フォロースルー6のイメージで振る

大きく上げて小さく振る

バックスイングの振り幅が大きすぎると、打つ直前にスイングを小さくしようとして身体や手の動きが止まることでミスになりやすい。

小さくバックスイングして大きく振る

バックスイングより、フォロースイングを大きくすることで、身体の動きもスムーズになり、手の緩みなどによるミスも少なくなる。

左手グリップを右に押す意識

ハンドレイトになりクラブヘッドが先に前に出る

低い球を打つには、左手グリップを左に押すとクラブヘッドは右に動くので、そのハンドファーストの状態をキープしたまま打つと、低い球が打てることは先ほども紹介しました。今度は、逆に高い球を打つときの左手グリップについてお話しします。

クラブのシャフトを持ち、前回の低い球のときと同じように身体の正面にクラブを立てます。次に左写真のようにグリップを飛球線とは反対方向に押すと、クラブヘッドは前に向かいます。この動きがボールを上げる動きになります。

グリップの位置は、ボールを上げるときは**身体の中央かやや右寄りのハンドレイトで、左手グリップを右に押し込んだとき、クラブヘッドが少し左に動くような感覚**で握ります。そして、インパクトにかけても左手グリップを右に押し続けるように意識してください。するとクラブヘッドが手よりも先に前へ出て、ボールがフェースに乗り高い球になるのです。

まとめ

インパクトにかけても左手グリップを右に押し続ける

高い球を打つための左手グリップの使い方

グリップを右に押すと、クラブヘッドは左に動く。このボールを上げる動きを左手グリップで同じように再現すると、クラブヘッドが手を追い越してボールがフェースに乗り、高い球が打てる。

高い球でスピンをかける

左手グリップを前に押し下にも押す

実際のラウンドでは様々な状況に直面しますが、アマチュアの方が特に苦手とされるのがバンカー越えのアプローチです。特に残り50Yくらいのアプローチで、手前のバンカーのすぐそばにピンが切られている場合などは絶望的な気分になることでしょう。

もちろん、ここで一番の失敗はバンカーに入れることです。ピンをオーバーするアプローチで攻めるのが正解なのですが、ここでグリーンに乗せて1パットだと初めての90切り達成という場面などでは、オーバーするにしてもなるべくピンに近付けたいはず。

つまり**より高い球で、スピンのかかる球を打てばチャンスは生まれる**のです。

まずスタンスは肩幅より少し狭くし、ボールは左足内側延長線上でフェースを15度ほど開いて握ります。グリップエンドはおへそのやや左を差す位置です。

ここからインサイドインの軌道でスイングするのですが、インパクトからフォロースルー

レッスン動画は
こちらから!

スピンが効いた高い球を打つ構え

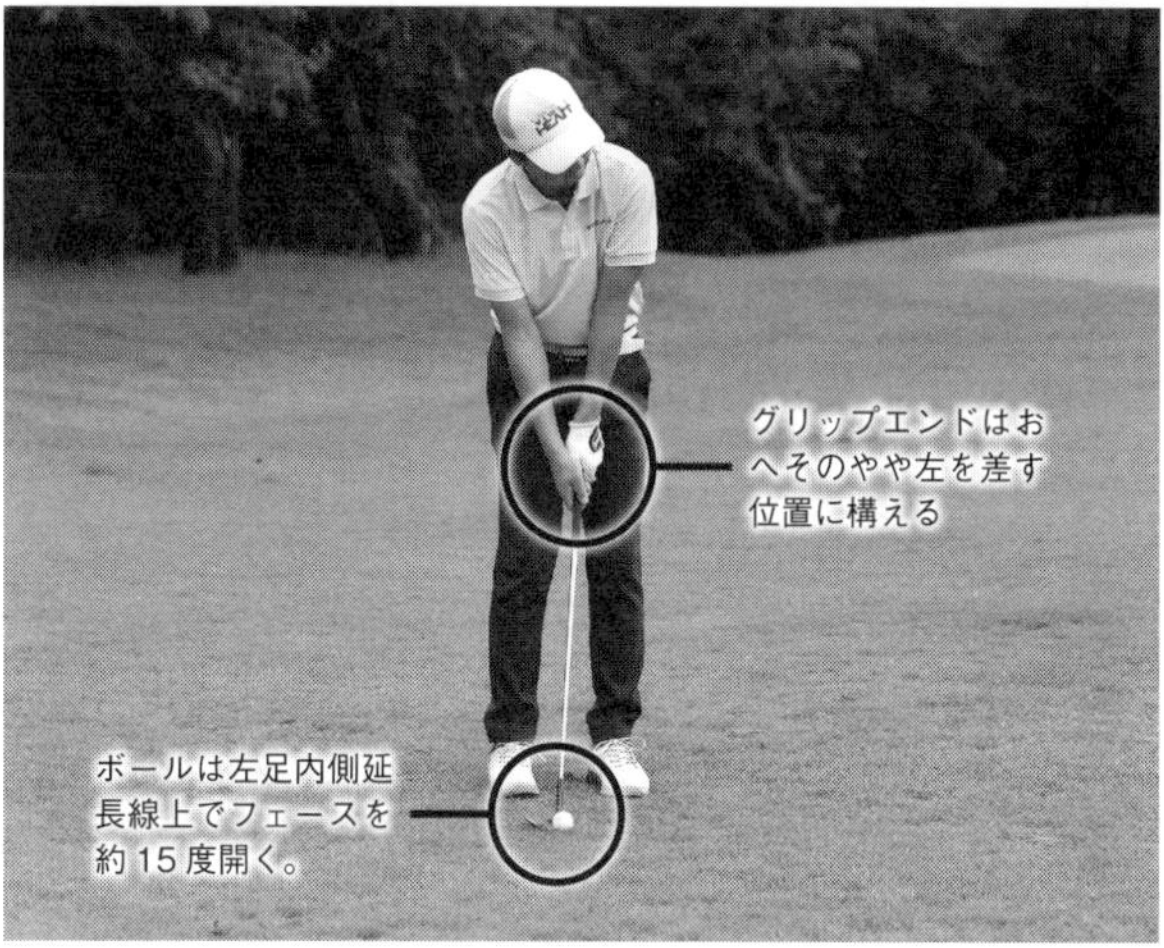
グリップエンドはおへそのやや左を差す位置に構える
ボールは左足内側延長線上でフェースを約15度開く。

スピンが効いた高い球を打つためには、左手グリップと身体の使い方が重要になるのでしっかり学ぼう。

にかけてのイメージが特に重要です。

インパクトからフォロースルーにかけて**左手グリップを前に押しながら下にも押すと、クラブは上に向かう**のです。つまり、手が身体の動きと連動して左に動くと同時に、ヘッドが立つという動きになるので、ボールが捕まり強いスピンがかかるわけです。

フィニッシュの形は、胸が正面を向き、左脇が締まり、グリップは身体の近くに収まり、クラブヘッドが立った状態になります。次ページに解説写真がありますから、このフィニッシュを目指して練習してみましょう。

また3章のドリル集でもスピンをかける練習法を紹介していますので、参考にしてみてください。

スピンが効いた高い球を打つスイング

4

クラブを鋭角に振りおろし、インパクト直前でコックをほどくとクラブヘッドのスピードが加速する。

5

左右の手首の背屈掌屈の動きがフェースを上に向かせてボールが捕まる動きになるので、スピンがかかる。

6

身体の回転と連動して手も左に動きながら身体の近くに収まり、ヘッドが立つフィニッシュになる。

グリップを身体の近くに収めるので、クラブヘッドは立つ。

インパクトからフォロースルーにかけて左手首は甲側に、右手首は掌側に折れる形になる。

まとめ

フィニッシュでクラブが立つ動きをマスターしよう

1

フェースを開くときは、最初にグリップを15度右に回してから、左手で握り直す。

2

テイクバックをアウトサイドに引くとスピンがかかりにくい。インサイドインのスイングで。

3

腕とクラブの角度が90度くらいになるようにコックをしっかりと入れる。

フェースを右に15度開いてセットする。

ロブショット

高さでボールを止める高度な技術を習得する

64ページからのバンカー越えのアプローチではピンまで50Yの設定でしたが、距離が近くなるとさらに難しくなります。バンカーのすぐ手前にボールがあり、バンカーを越えたところにあるピンまで20Y〜30Yになると、SWでボールを上げ、高さでボールの勢いを殺して止めるロブショットという高度な技術でしか止められない状況もあります。

失敗しないアプローチという観点からは積極的にはお薦めできませんが、こういう技術も磨かないとスコアのさらなる向上は望めませんので、ぜひ練習してみてください。

次章のドリル集で、ロブショットの詳しい打ち方は説明しますが、まずフェースを大きく開いてグリップエンドがお腹を指すように構えます。ソールをしっかり手前から滑らせて、その**フェース面がスイング中ずっと上を向いたままになるよう、クラブを捻らないようにスイングする**のがポイントです、70ページの手首の使い方もぜひ参考にしてください。

フェースが上を向いたままスイングする

グリップの握り方は、まずフェースを大きく開いてからグリップを握り直すようにする。
SRIXON
3

ロブショットでは、まずボールのライが浮いていることが前提となる。そしてフェースが空を向くように大きく開いて構え、ボールの手前からソールを滑らせて打つ。

ロブショットをマスターすると、ピンがバンカーのすぐ近くに切ってあっても狙っていける。ただしショートしやすいので、振り幅に応じた距離感を自分で養おう。

まとめ

トップは怖がらずしっかりダフらせるイメージで打つ

ロブショットでの手首の使い方

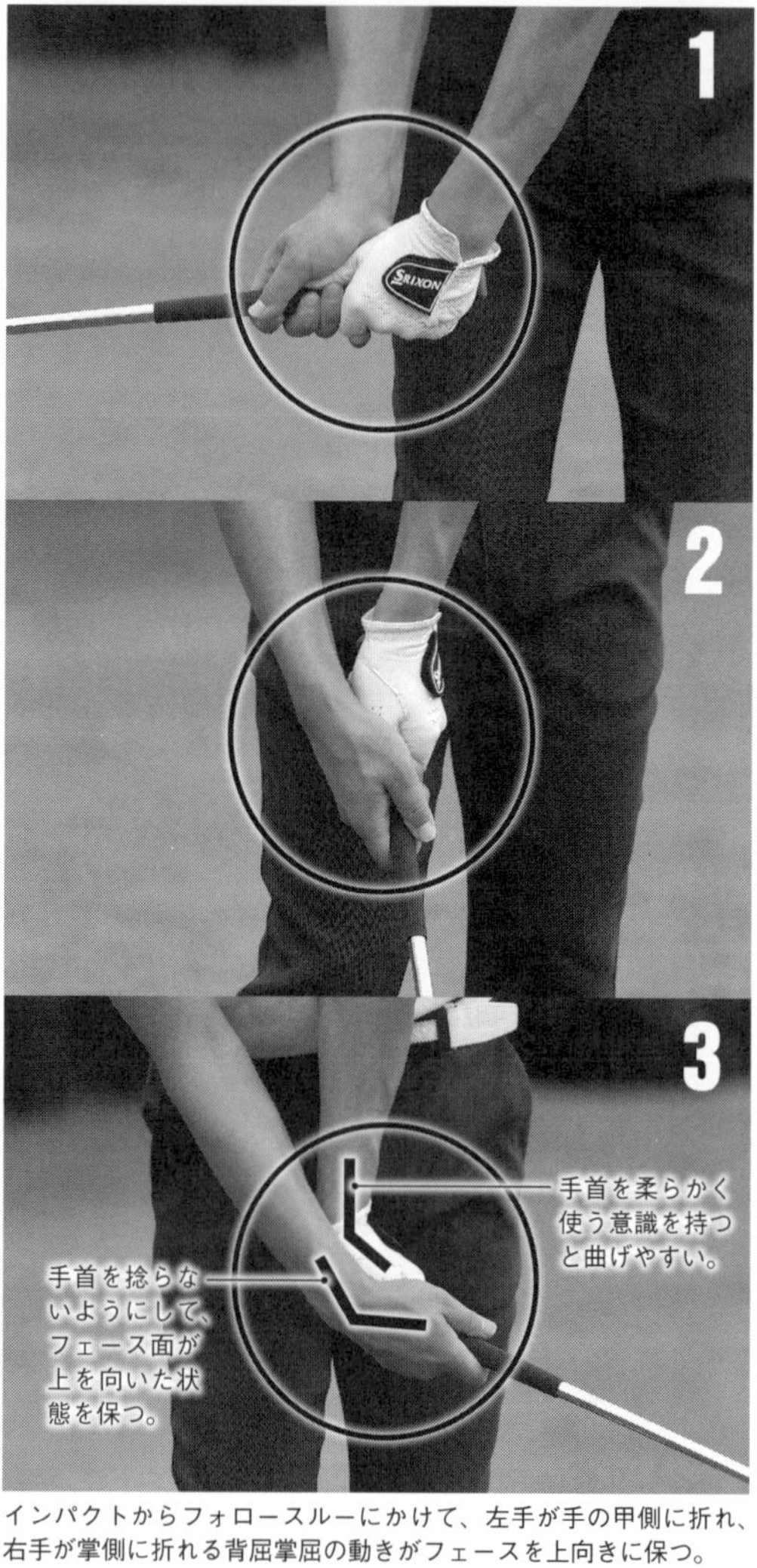
1
SRIXON
2
3
手首を柔らかく使う意識を持つと曲げやすい。
手首を捻らないようにして、フェース面が上を向いた状態を保つ。

インパクトからフォロースルーにかけて、左手が手の甲側に折れ、右手が掌側に折れる背屈掌屈の動きがフェースを上向きに保つ。

第３章

サイコーアプローチを身に付けよう 大事なのは「当て方」【ドリル集】

サイコーアプローチがどんどん身に付く！　片手打ちドリルやスプリットハンド（手を左右離して持つ）ドリルなど、菅原大地プロオリジナルメソッドが満載。

片手打ちドリルで腕と身体の一体感をマスター

片手打ち左手：左手のグリップを左に押し込む

片手打ちドリルの目的は、**いかに手を使わずに、身体のリードによってボールを打つことができるのかを体感するもの**です。片手で打つと、腕と身体の一体感を意識できるので、スイング時に、「今のは手だけで打った」という感覚がすぐにつかめます。

まず左手1本でAWを持ち、グリップを左に倒すように押し込んで、ハンドファーストの形を作ります。このグリップを押している状態をキープしたまま、左手と腕と身体との一体感を感じながら、腰から腰の振り幅で30Y飛ばすスイングをします。

このとき、身体との一体感がなく手だけで打つと、クラブ軌道も打点も安定しないので、手前をダフったり、ボールの頭をたたいたりすることになります。

クラブと身体が一体となるスイングでは、左手のグリップで押し込んでいるので、クラブヘッドは手の位置より上がらずに、低い球が出るのが正解ですので確認してください。

レッスン動画は
こちらから!

ハンドファーストの形を作る

左手のグリップで押し込んで、ハンドファーストの形を作る。
Our Clu e.
Taiheiy lu

腕と身体の一体感を作るには、下半身主動のスイングが必要になる。両足裏の重心移動によるテイクバック（P51参照）を意識して、下半身から動かしていこう。

片手打ちドリル：左手

3
インパクト後も左手グリップを押したままなので、クラブヘッドは上がらず手よりも低い位置に来る。ボールも低い球になる。

インパクト後も、グリップを押している感覚を持ったまま左足に体重を乗せ、正面を向く。

まとめ

腰から腰の振り幅で低い球で30Y打てるようになろう

ボールを両足の真ん中に置く。左手グリップを左に押しハンドファーストの構えにする。

下半身主動の動きに上半身と腕を連動させて、クラブと手首の角度を変えずにテイクバック。

片手打ち右手：右肘を軽く曲げて身体に引き付けたまま右手1本で打つ

右手1本で打つ場合は、肘を軽く曲げて身体に引き付けたまま、グリップは身体の左前に置いてアドレスを取ります。この**右肘を引き付けたまま、下半身とお腹を捻って腰から腰の振り幅で、30Yのスイングをする**のです。

このとき、インパクトで右肘が伸びたり緩んだりするとダフりやトップのミスが出ますので気を付けましょう。

そして右手首の角度が変わらないように、右肘を身体に引き付けたまま、下半身とお腹に力を入れてボールに当てるようにするのです。右肘が伸びていないのにダフりやトップのミスが出る方は、特にお腹に力を入れて打つことを心掛けてください。

そして、打ち終わったあとにも肘が伸びずに角度がしっかりキープできているかを確認し、フィニッシュでは、身体が飛球方向正面を向き、右手の位置がクラブヘッドより少し高い位置になっていれば、身体を使って打てていることになります。**右手の場合も、クラブヘッドは上がりませんので、ボールも低い球になるのが正解**です。

練習する場合でも、ただポンポンと繰り返し打つのではなく、まずは毎回素振りして、低い飛球線をイメージしながら、イメージ通りの球が打てるように練習しましょう。

レッスン動画は
こちらから!

右肘を軽く曲げて身体に引き付ける

右肘を軽く曲げて身体に引き付け、右手の角度を保って、ハンドファーストの形を作る。
Our Club
Taiheiy

右手１本で打つ場合も、下半身主動のスイングになる。右肘を身体に引き付けたまま、下半身とお腹を捻って、腕と身体の一体感を感じながらスイングする。

片手打ちドリル：右手

フィニッシュで手首の角度、肘の角度が保たれていれば、身体と腕が一体となってスイングできている証拠。クラブヘッドの位置も低いので、低い球になる。

打ち終わったあとも手首の角度、肘の角度が保たれていれば、手の位置がクラブヘッドよりも少し高い位置に来る。それがチェックポイントだ。

まとめ

下半身とお腹に力を入れるとダフりやトップのミスが解消される

右肘を身体に引き付けたまま、右手を左に寄せてハンドファーストの構えにする。

右肘を曲げたままボールを打つ。腹筋が使えず肘が伸びると手打ちになりクラブが暴れる。

ハンドファーストを習得するドリル

レッスン動画はこちらから!

スプリットハンド（手を離す）ドリルでフルショットにもつながる動きを学ぶ

このドリルは左手・右手の片手打ちで体感した、**左手がクラブを押す、右手がクラブを引き付けるという感覚を両手で同時に行う**もので、片手打ちドリルのあとに行います。

まず左写真のように、肩と腕とクラブで四角形の形を作ります。左右のグリップの間隔は握りこぶし1個分離して握り、アドレスを取ります。この四角形をキープしながら、腰から腰の振り幅で素振りしてみましょう。このとき、左グリップはグッと押し込み、右肘はわずかに曲げ身体に引き付けるようにテイクバックしたあと、腰から切り返します。腕の形が変わらないようにスイングして、低い球で30Y飛ばせるように練習しましょう。手を使って打つと四角形の形が崩れますので注意してください。

打ち終わったあと、**四角形がキープできていれば身体の回転を使ったハンドファーストの形でインパクトができている**ことになりますので、フルショットにも役立つドリルです。

肩と腕とクラブで四角形を作る

左手は押す
右手を引く
左右のグリップは間隔を開け、握りこぶし１個分を離して握る。
Taiheiyo Club
Our Club,

テイクバックからフォロースルーまで、四角形の形が変わらないように打つことで、身体の回転を使ったハンドファーストのスイングが習得できる。

ハンドファーストが習得できるスプリットハンドドリル

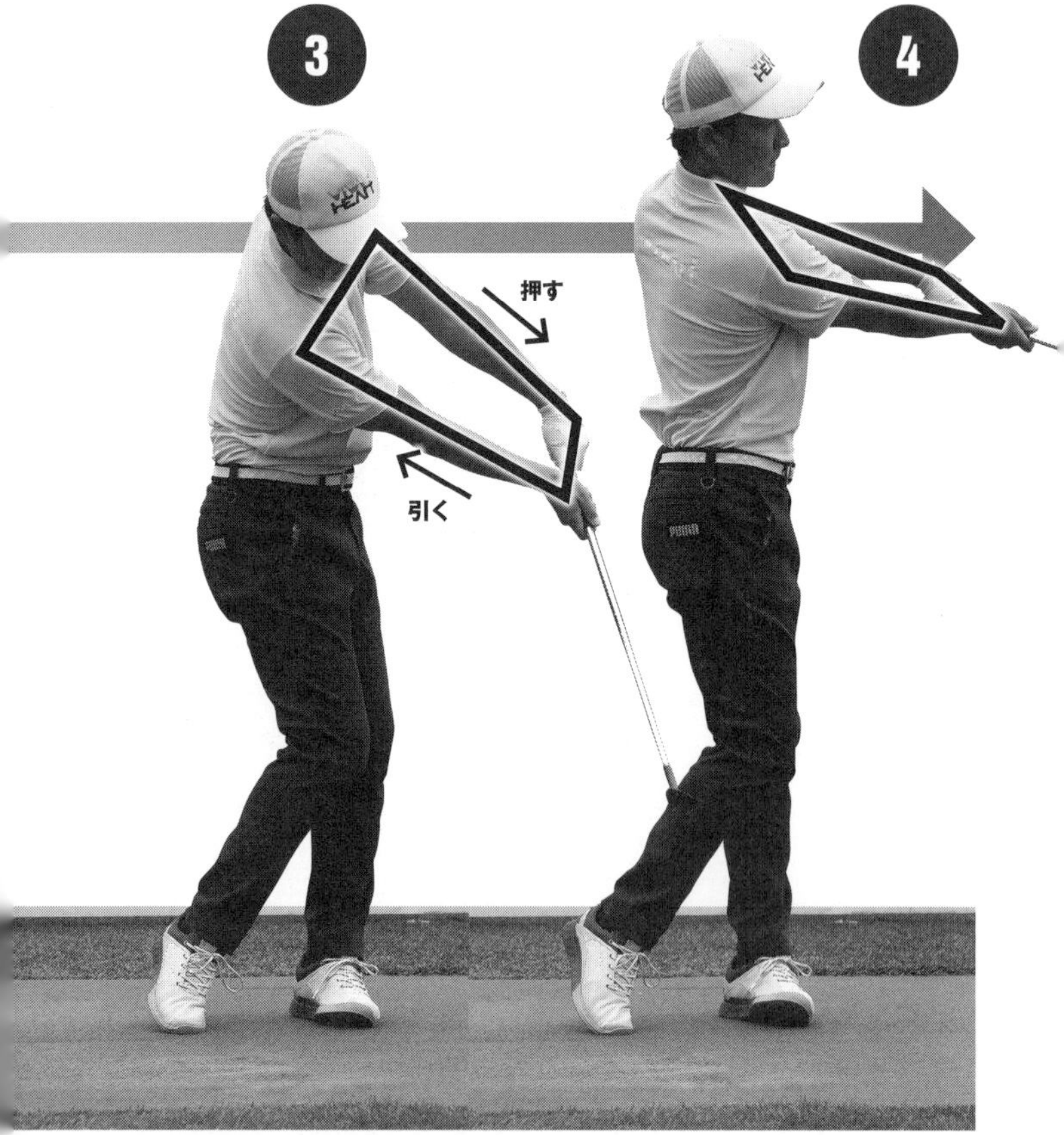

左腕は押し、右肘は引くことで四角形を維持したまま、身体の回転を使ってボールを打つ。

ボールがクリーンに打てれば、ハンドファーストのまま身体の回転で打てている証拠だ。

まとめ

ボールをしっかりクリーンに捉える身体の動きがわかるドリル

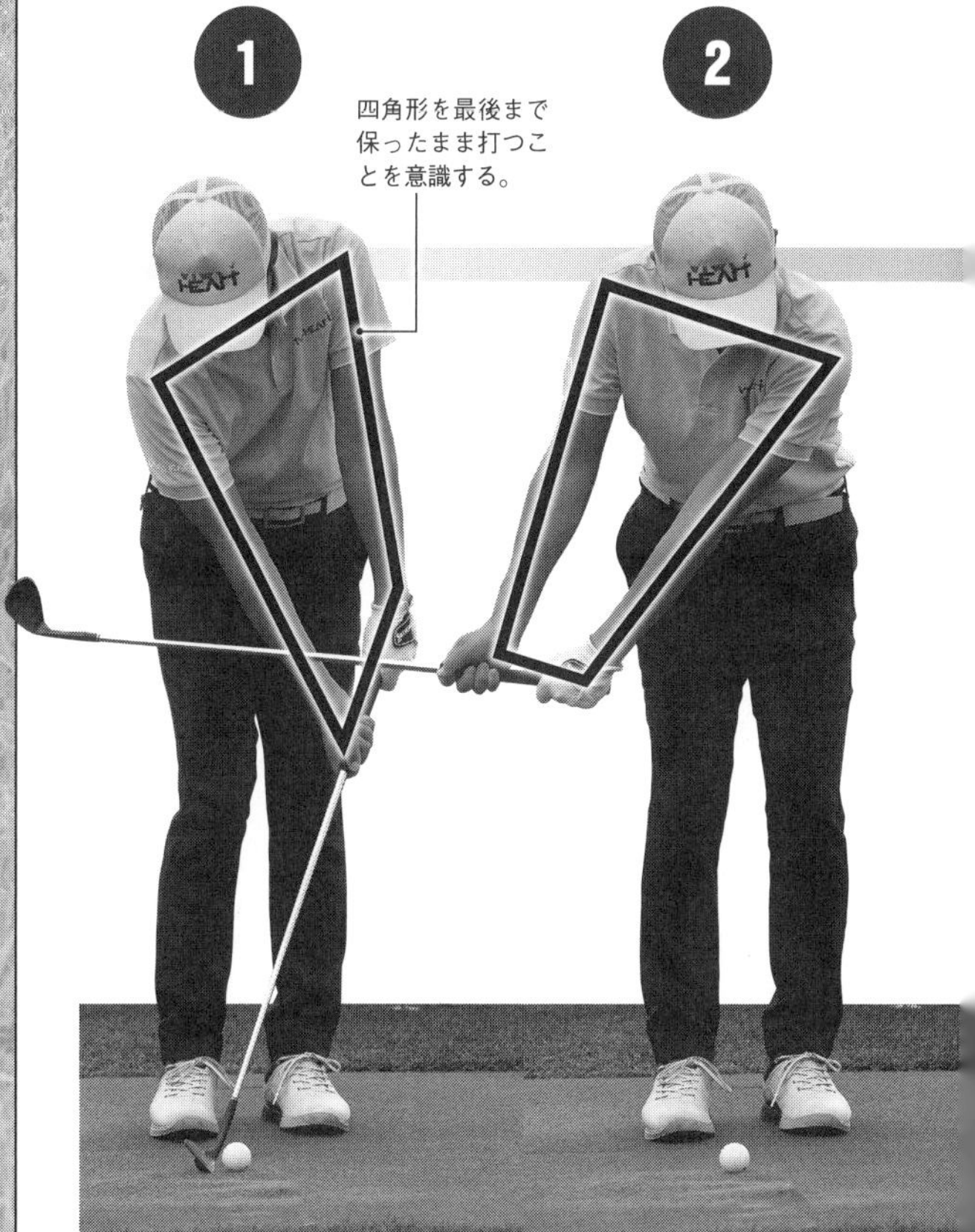
1
2
四角形を最後まで保ったまま打つことを意識する。

左手の片手打ちと同じ構えを取る。右手を握りこぶし1個分離してグリップを握る。

腕と肩とクラブで作った四角形の形を変えないように、下半身主動でテイクバックする。

体重移動のタイミングがわかるステップ打ち

レッスン動画はこちらから!

ダウンスイングで頭が左に突っ込まないように注意する

アプローチでも30Y以上の距離になると、下半身を使った体重移動を行い、身体の回転**を伴ったスイングが必要**になります。

このドリルは、体重移動のタイミングがわかりづらい人や、打ち終わったあとも体重が右に残っている人にはより有効なドリルとなっていますので、ぜひ試してください。

まず、両足を揃えた状態で、ボールを左足外側にセットします。そしてテイクバックを開始すると同時に左足をターゲット方向にスライドさせ、ボールの位置が両足の真ん中に来るように広げたあと、腰から腰の振り幅でスイングしてください。このとき、**右に向かうクラブと左に行く足との引っ張り合いによって、下半身主動の動きが生まれ**、ダウンスイングでは体重が左足に乗りながら身体が回転するのです。そのとき、頭が左に突っ込むと身体の回転が止まり手打ちになりますので、頭を動かさないように注意しましょう。

下半身主動の左への体重移動

両足を揃え左足の外側
にボールをセットする。
これが下半身主動の動
きを生みだす仕掛けだ。

テイクバックで体重が右に乗り、インパクトからフィニッシュにかけて体重が左に乗るのが正しい体重移動だが、このドリルでは最初から下半身主動の左への動きを作る。

体重移動がわかるステップ打ちドリル

3
4
ダウンスイングでは下半身主動の動きになり回転しながら体重が左足に乗ってくる。
体重が左に乗りながら身体はおへそが正面を向く位置まで回転し、完全な左足体重になる。

ボールの位置が両足の中央に来るように広げて、腰から腰の振り幅でスイングする。

ダウンスイングでは、体重が左足に乗りながら、身体が回転する感覚を習得しよう。

まとめ

左足とクラブの引っ張り合いから下半身主動の動きが生まれるドリル

1
2
クラブは後ろ、左足は
前に動くことで引っ張
り合いの力が生まれる。

クラブは身体の正面に構え、両足を揃えて、ボールを左足の外側にセットする。

テイクバックを開始すると同時に、左足をターゲット方向へスライドさせる。

スピンをかけて止めるアプローチドリル

レッスン動画は
こちらから!

左右のグリップを離して20Y打つ

アプローチで、バンカーや池などのハザード越えの状況では、スピンをかけてボールを止めることが要求される場面もあります。ここで紹介するドリルはそんな場面で有効な、**スピンをかけやすい動きを習得するためのドリル**です。スプリットハンドで20Y打ちます。

まず、身体の正面にボールをセットしたあと、左写真のように左手と右手のグリップをこぶし1個分離して握り、グリップも身体の正面にセットします。

ボールを上げてスピンをかける動きは、右手がインパクトと同時に左手を追い越していきながらヘッドが滑る動きなので、打ち終わったあと**左腕は身体の中央にとどまったままで、右腕が左足の前に来ている状態になるように、膝から膝の振り幅でスイング**します。

このとき、手首を使ってフェースを返したり、捻ったりする動きが入るとクラブヘッドが滑らなくなりますので注意してください。このドリルはバンカーショットにも有効です。

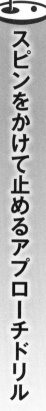

スピンがかかる手の動きを習得

左右のグリップを
離して握ること
で、背屈掌屈する
手の動きもわかり
やすくなる。

インパクトで左腕を止めることで、クラブヘッドが走り右腕が前に出る。そのときの、左手と右手の動きが強いスピンにつながる。

スピンをかけて止めるアプローチドリル

3
4
インパクトでは手首を返したり、腕を捻るとソールが滑らなくなるので注意する。
フィニッシュでは、左右の腕が交差し、手首が背屈掌屈の形になる。

インパクトで左腕を身体の正面で止めると右腕が追い越す。この動きがソールを滑らせる。

右腕が左腕を追い越すと、左手首は背屈、右手首は掌屈の形になり強いスピンがかかる。

まとめ

右手が左手を追い越すことでクラブヘッドが滑り、スピンがかかる

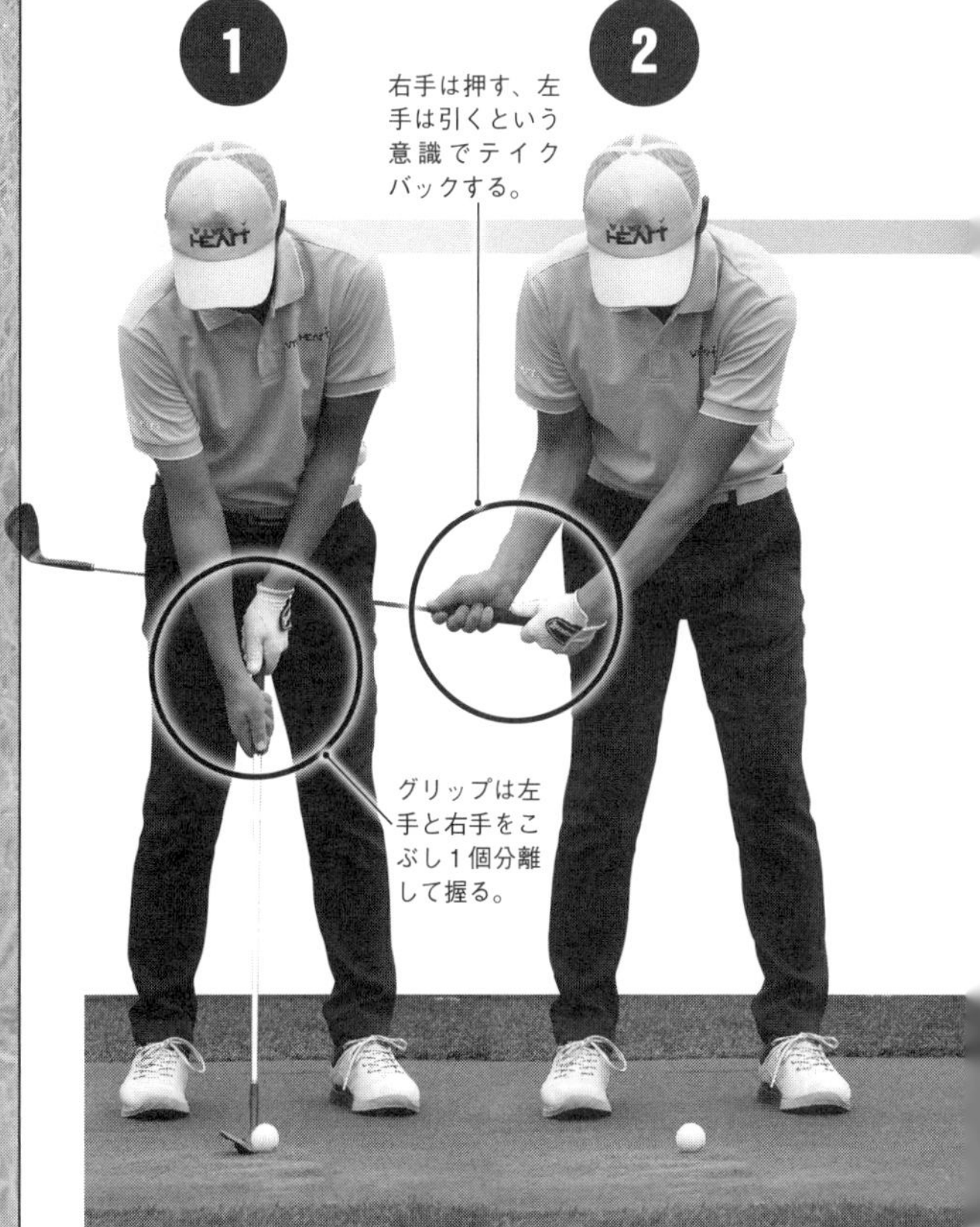
1
2
右手は押す、左手は引くという意識でテイクバックする。
グリップは左手と右手をこぶし1個分離して握る。

頭の真下にボールをセットしたあと、グリップも身体の正面にセットする。

身体の軸がブレないように腹筋を使い、クラブヘッドを腰の高さまでテイクバックする。

ダフらせる素振り&ショット

ダフらせて打つための動きを習得する

ボールを上げる場合、ライの状況がよければAWやSWのソールが広いクラブで、わざとボールの2～3㎝手前からダフらせて打つと失敗が起きにくいという話は前章でも紹介しました。ここでは、ソールを滑らせて打つための動きを習得するドリルをレッスンします。

まずグリップを身体の中央に構えて、ボールを上げやすい構えを取り、左足寄りにあるボールをイメージして、2～3㎝手前からクラブヘッドを滑らせて地面にしっかりと当てる素振りを繰り返します。このとき、**右足の前で左腕に少しブレーキをかけ、左腕が身体の近くに来るとクラブヘッドが追い越していくような動き**を心掛けてください。

この動きに慣れてきたら、今度はクラブを振ったあと、帰りも地面に当てるように身体を使って連続素振りを行い、クラブを地面に滑らせる感覚を養うのです。ボールを打つときは、クラブがマットに当たった音のあと、ボールに当たる音がしているか確認しましょう。

レッスン動画は
こちらから!

ダフらせる素振り練習

Our Club,
Taihei
フェースを15度
ほど開いて構え、
ボールの2～3cm
手前からクラブ
ヘッドをわざとダ
フらせて打つ。

AWやSWなどのソールの幅が広いクラブは、ライの状況がいい場合はわざと手前にダフらせてソールを滑らせて打つと失敗が少ない。その動きをまず素振りで習得しよう。

クラブを行きも帰りも地面に当てる連続素振りドリル

インパクトでは左腕にブレーキをかけ、クラブヘッドが身体を追い越す動きを意識する。

手首が腰の位置に来るまで振り抜き、今度は逆モーションで同様にクラブを滑らせる。

Point

素振りのあとは、2～3cm手前からソールを滑らせて実際にボールを打ってみよう。

まとめ

クラブを地面に滑らせる感覚を養う

肩幅よりやや狭めのスタンスを取り、グリップを、球が上げやすい身体の中央に構える。

ややや左足寄りにあるボールをイメージして、手首が腰の位置の振り幅でテイクバックする。

ボールのある位置をイメージして、ボールの2～3cm手前からソールをマットに滑らせる。

グリーン周りで失敗しにくいパターストローク

ピッチエンドランとランニングアプローチの両方に使える

これは20Y～30Y以内のグリーン周りのアプローチで、失敗しにくいアプローチの練習ドリルです。まずクラブの持ち方は、左写真のように両肘を軽く曲げてパターを持つような五角形の形にして手首を固定し、グリップを身体の中心で構えるとピッチエンドラン、やや左足寄りにしてハンドファーストにするとランニングアプローチの構えになります。

そして肩が上下に動くようなストロークで、大きく振りすぎると身体のバランスが崩れますから最大8時から4時くらいのスイングで20Yを打ってみましょう。**パターのように手首を固定すると、クラブを上げようとする動きが出にくいので失敗が少なくなります。**

ボールを上げなくていいランニングアプローチの場合は、手元を少し浮かせます。するとヒールが浮くことで地面に引っかかりにくくなりますから、クラブが多少地面に当たってもザックリしにくくなります。30Yの場合はPWを使いピッチエンドランで寄せましょう。

レッスン動画は
こちらから!

パターストロークの五角形構え

パターを打つときと同じように、両肘を軽く曲げ、肩、腕、グリップで五角形の形を作る。

グリップを写真のように身体の中央で構えると、AW を使うピッチエンドランの構えになる。パターと同じように、スイング中は頭を動かさないように注意する。

小さく振って小さく飛ばすパターストロークドリル

3
手首を固定するとクラブを上げようとする動きが出にくいので失敗が起こりにくい。

最初に作った五角形の形を最後まで崩さないように小さいストロークで小さく飛ばす。

まとめ

最後まで五角形の形を崩さないでストロークする

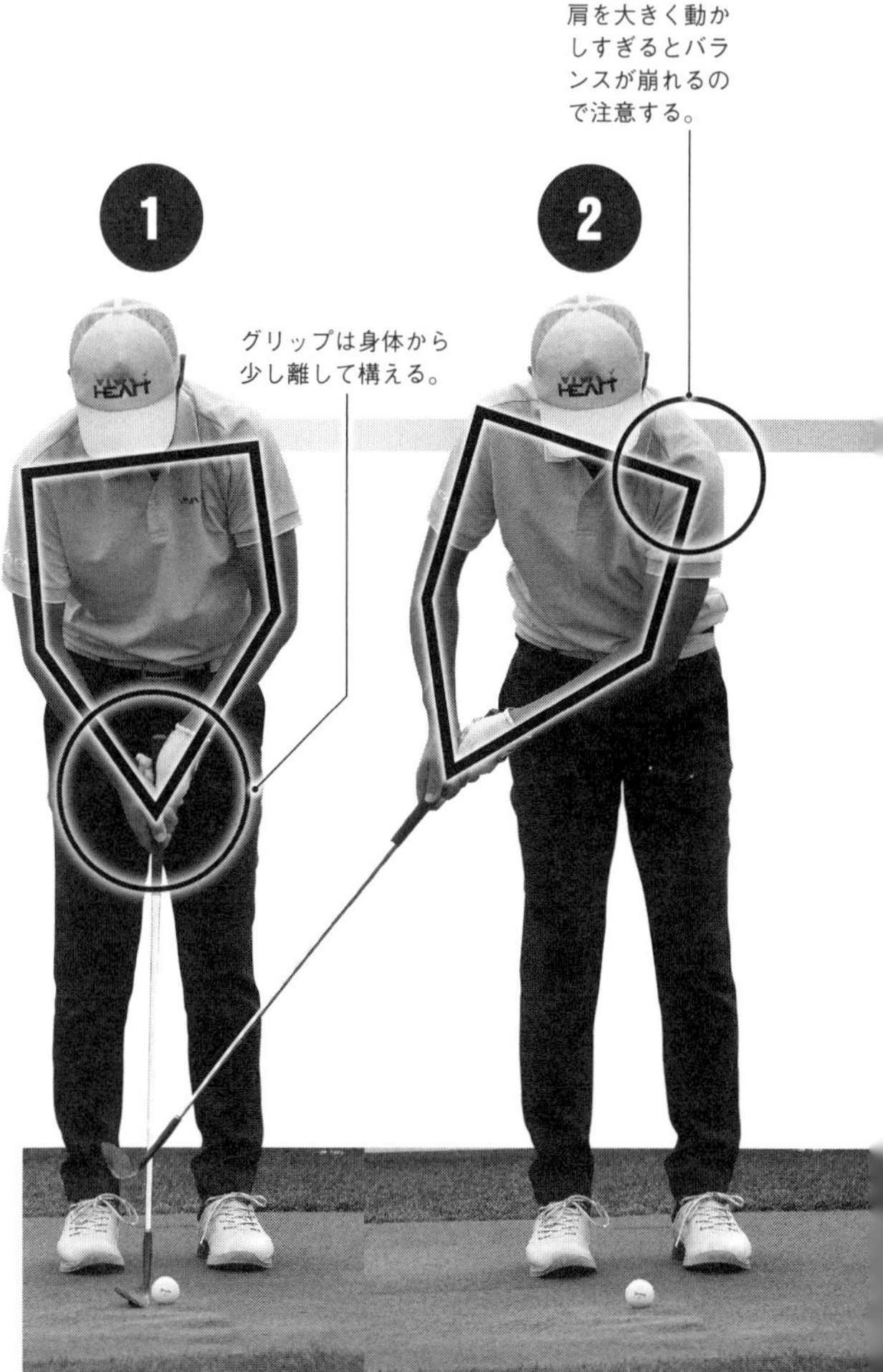

1
2
グリップは身体から
少し離して構える。
肩を大きく動か
しすぎるとバラ
ンスが崩れるの
で注意する。

やや狭めのスタンスで、クラブをパターのように吊り下げ、手元を少し浮かして構える。

パターを打つように、肩が上下に動くストロークで、振り幅は8時～4時をイメージする。

ロブショットでボールを高く上げて止める

手首を柔らかく使えるウィークグリップにして打つ

ピンのすぐ手前にバンカーやハザードがあり、かつボールのライがいい場合に、ＳＷを使って高く上げて止まりやすい球＝ロブショットを打つための練習ドリルを紹介します。

構え方は、足は肩幅より少し狭くしてボールはやや左足寄り、クラブヘッドは30度ほど開いて身体の中心に置き、グリップエンドがおへそを指すようにして、手首を柔らかく使えるように、左手の甲が目標方向に向くウィークグリップにして握ります。

振り幅はクラブヘッドが頭から頭くらいのフルスイングで約30Ｙ飛びますが、ポイントは**ソールをしっかり手前から滑らせて、クラブヘッドが左腕を追い越したあと、フォロースルーでも左腕は前に出さず身体の近くにある状態を保つ**ことです。するとクラブヘッドが上を向きながら走るので、柔らかいショットになります。もっとも避けたい失敗はトップですから、**インパクトでは力を抜き積極的にダフらせる意識を持ちましょう。**

レッスン動画は
こちらから!

ロブショットの構え

手首を柔らかく使えるように、左手の甲が目標方向に向くウィークグリップで握る。

通常のショットのフェースアングル(写真左)に対して、ロブショットの場合は、フェースを30度ほど開き(写真右)、フェースが空を向くように構えるのが大きな違いだ。

30Yのロブショットを打つドリル

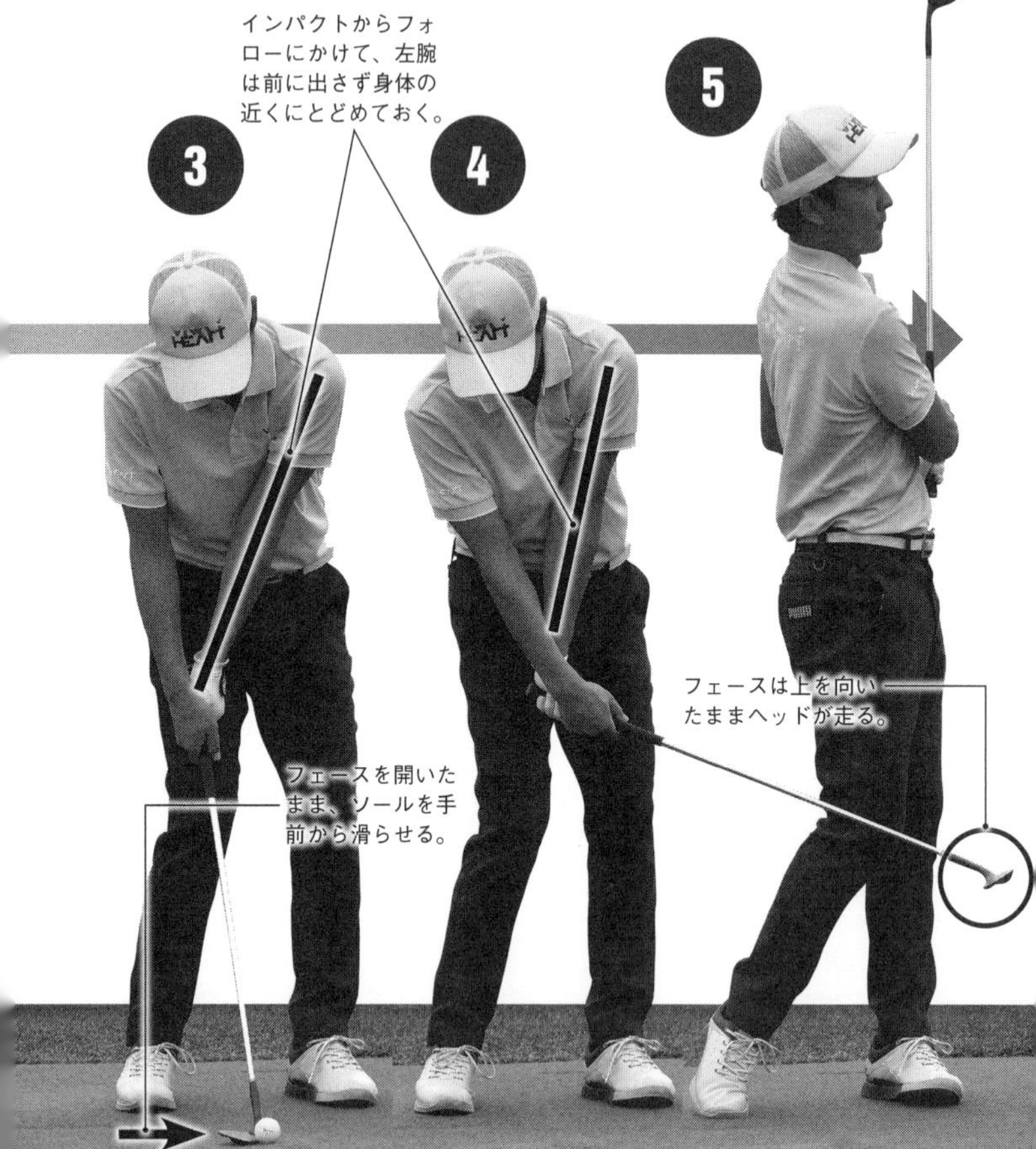

3
4
5
インパクトからフォローにかけて、左腕は前に出さず身体の近くにとどめておく。
フェースを開いたまま、ソールを手前から滑らせる。
フェースは上を向いたままヘッドが走る。

ソールをしっかり手前から滑らせながら、左腕は前に出さず、身体の近くにとどめる。

インパクト後も左腕を身体の近くにとどめておくことで、クラブヘッドが左腕を追い越す。

フォロースルーでは腕を捻らずに、左腕を身体に引きながらクラブが立つように収める。

まとめ

クラブフェースが上を向きながらインパクトで左腕を追い抜くように走らせる

1
2
グリップエンドはおへそを指すように構える。

肩幅よりやや狭めのスタンスを取り、ボールをやや左足寄りにセットして構える。

30Yのロブショットだと、振り幅はクラブヘッドが頭から頭の位置になる。

リーディングエッジを意識した インテンショナルトップ練習

ボールの赤道を狙ってリーディングエッジで打つ

ランニングアプローチでは、残り距離に対して最低限の振り幅で打つことを学ぶと大オーバーやショートのミスがなくなります。このドリルは**意図的にトップさせて打つことで、トップしたときの距離と振り幅の関係を把握する**ためのものです。

トップしたとき、飛びすぎて一番大きなミスになるのがSWです。まずSWでトップさせて20Yの距離を狙います。構えはクラブヘッドを少し浮かせてパターのように構え、トップさせる場合はボールの赤道を狙って、リーディングエッジを意識してぶつけるのです。そのとき、ボールが上がらず転がっていけば上手にトップが打てている証拠です。そして、最低限どのくらいのクラブの振り幅だと20Y転がるのかを理解するのです。この距離と振り幅の関係を覚えておくと、ミスしても大オーバーということはなくなります。

同じように9Iでも同じ練習をして、クラブによる振り幅の違いも覚えましょう。

レッスン動画はこちらから!

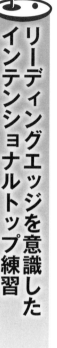

ソールではなくリーディングエッジを意識する

パターのようにグリップを少し持ち上げることでクラブヘッドを浮かせる。

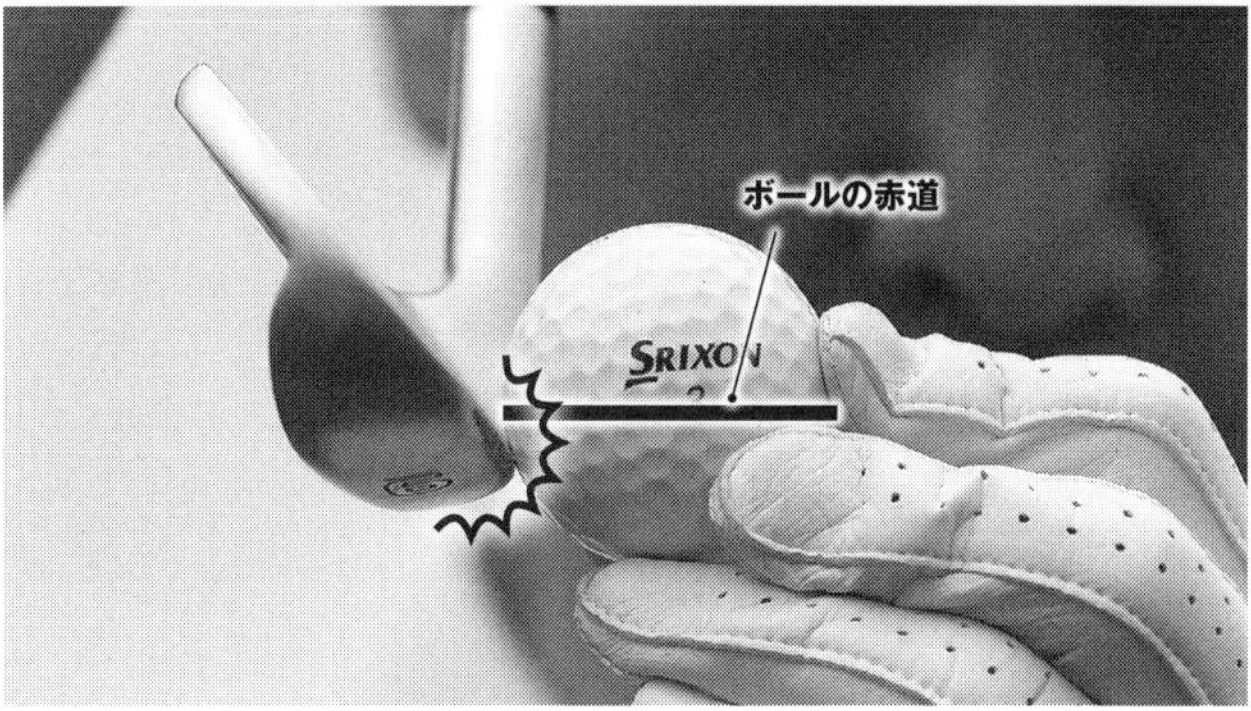
ボールの赤道
SRIXON

ボールの後ろにクラブをセットしたあと、クラブヘッドを少し浮かせてパターのように構える。リーディングエッジを意識しながら、ボールの赤道を狙ってぶつける。

トップさせて 20Y 打つドリル

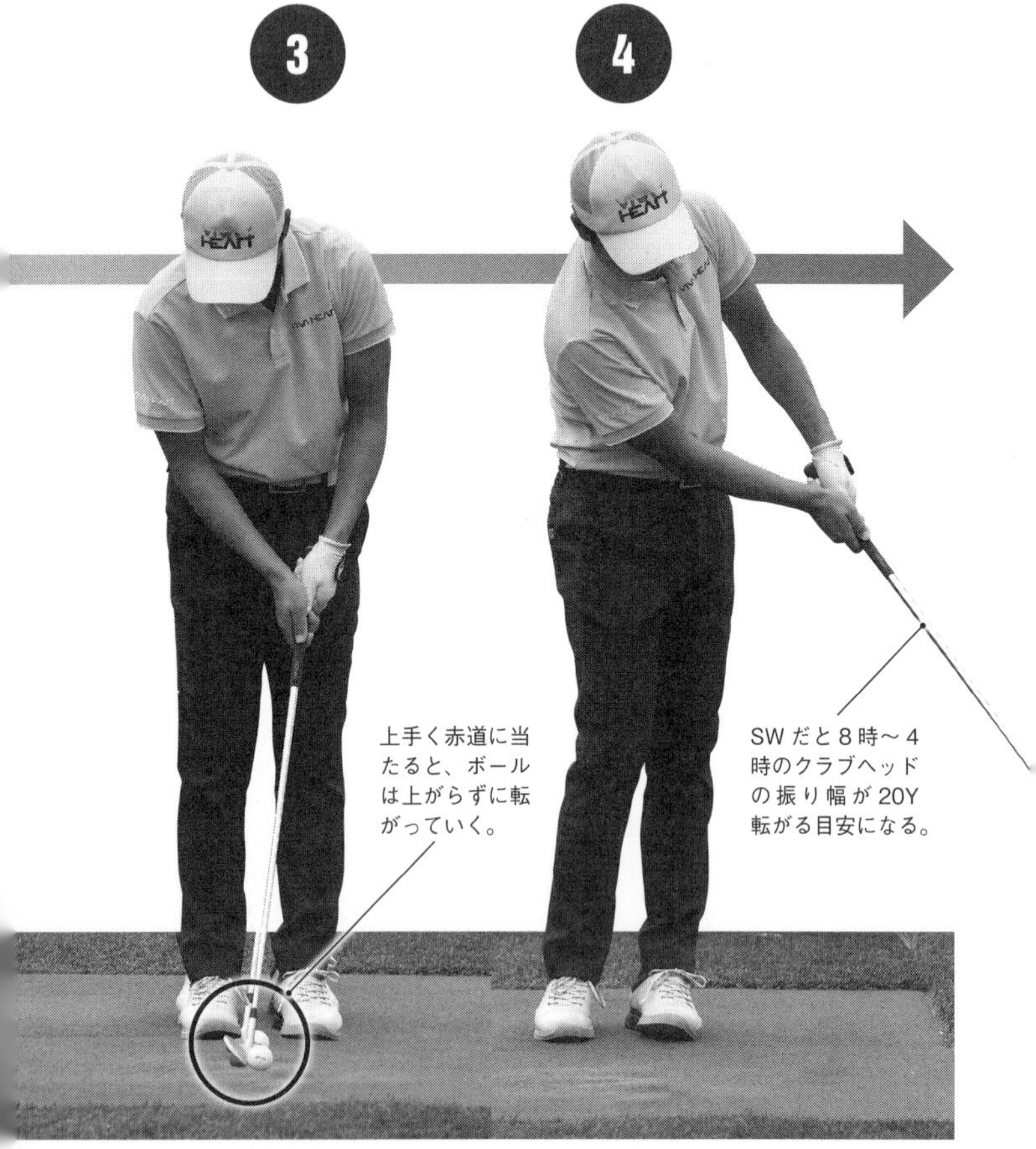
3
4
上手く赤道に当たると、ボールは上がらずに転がっていく。
SW だと 8 時〜 4 時のクラブヘッドの振り幅が 20Y 転がる目安になる。

ヘッドを浮かせたまま、リーディングエッジを意識しながらボールの赤道を狙って打つ。

SW で 20Y 転がる振り幅を試しながら確認する。距離が安定してきたら短い距離も試す。

まとめ

意図的にトップさせることで、ピンまでの最低限の振り幅を知る

1
2
頭は動かさないでボールの赤道に意識を集中させる。
パッティングのときと同じように腹筋に力を入れて身体がブレないようにする。

1 やや狭めのスタンスを取り、ボールを身体の正面にセットしたあと、クラブを添える。

2 ヘッドを浮かせ、パターと同じように構えたあと、肩を上下させてストロークする。

逆目で失敗しないためのアプローチドリル

インサイドアウト、クローズドフェース練習

グリーン周りの芝や短いラフで、芝目が逆目になっている場合は、アプローチでクラブヘッドが芝に引っかかったり、刺さったりするザックリのミスが出やすくなります。

このドリルは、そんな逆目からのミスを防ぐための打ち方についてのドリルです。

構え方は、**フェースを時計の秒針で2秒ほどクローズにして、スタンスは右足を半歩ほど引いたクローズドスタンスに構えます。**そしてランニングアプローチの低い球をイメージしながら、クラブをスタンス通りにインサイド方向に引いてアウトサイド方向に出すのです。このとき、フェースは閉じている状態になりますから、トゥ側から芝生に向かっていくことで、クラブへの抵抗が少なくなり逆目でも抜けがよくなるのです。

クローズドスタンスなのでボールは右に飛ぶのではと思われるかもしれませんが、フェースを閉じている分**ボールは思ったより左に出ます。飛び出す方向を把握しましょう。**

レッスン動画は
こちらから!

逆目の芝の抵抗に負けない構えと打ち方

ランニングアプローチで低い球を打つようにイメージしながらハンドファーストに構える。
クラブフェースを上から見て、秒針2秒ほどクローズにして構える。

逆目では、クラブがボールより先に芝に当たるので、芝の抵抗がかなり強くなる。クローズドフェースに構え、インサイドアウトに打つことで芝の抵抗を少なくしよう。

逆目にも負けないアプローチドリル

1
左足6：右足4の
左足体重で構える。
6
4
クローズドスタンス

両足をスクエアに構えた状態から右足を足半分ほど後ろに引いて、強めのクローズドスタンスにする。体重は左足6：右足4の左足体重にして構える。

2
閉じたままのフェースを
意識しながら、スタンス
に沿ってクラブをインサ
イドに引く。

芝の抵抗に負けないようにグリップをしっかり握り、クローズドスタンスの構えに沿って、フェースを閉じたままクラブをインサイドに低く引く。

まとめ

クラブのトゥ側から振っていくと逆目でも抜けがよくなりザックリしない

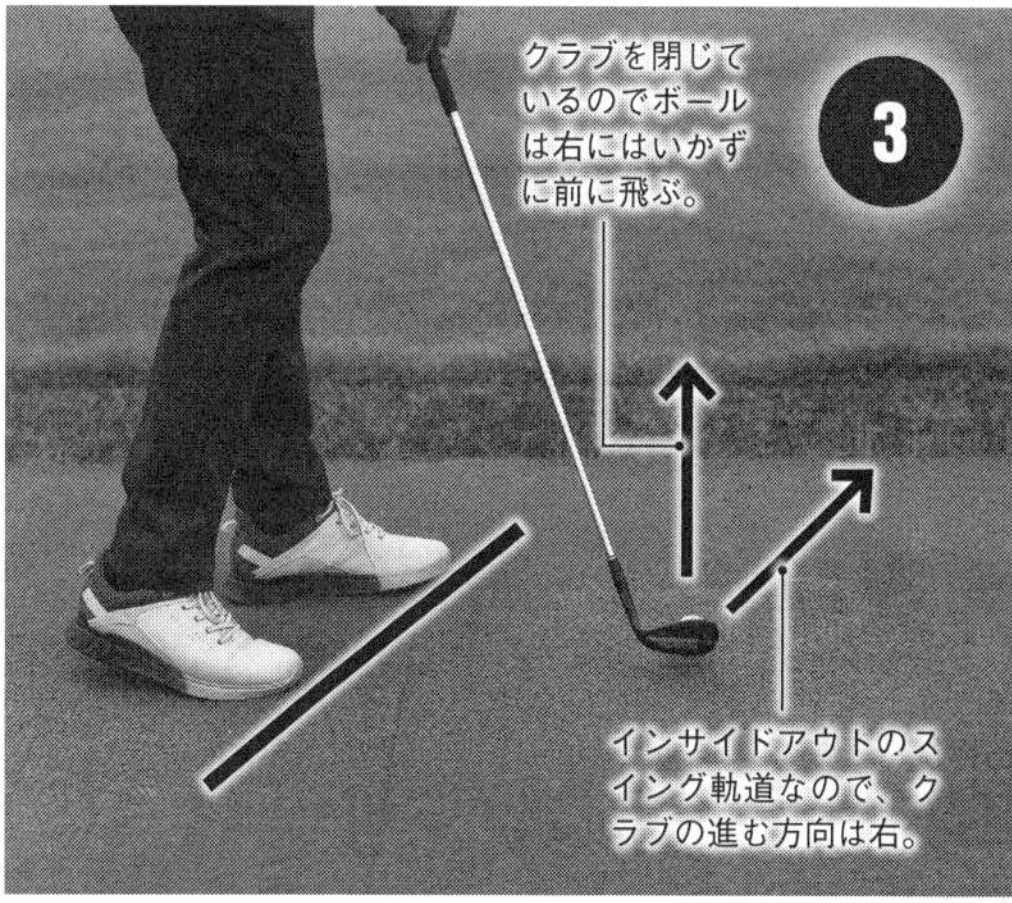
3
クラブを閉じているのでボールは右にはいかずに前に飛ぶ。
インサイドアウトのスイング軌道なので、クラブの進む方向は右。

インサイドに引いたクラブを、今度はスタンスに沿って、フェースを閉じたままアウトサイドに振っていく。

4
逆目の強さなどによってボールの飛び出す方向は違ってくるので、実戦ではそのつど把握しよう。

フェースを閉じたまま振ることで、クラブのトゥ側から芝生に向かっていくことになる。そのため芝の抵抗が少なくなり、逆目でもクラブの抜けがよくなる。

鏡を使用した大地式イメージトレーニング法

レッスン動画はこちらから!

自分のインパクトを別アングルから見る

ここでは、インパクトの瞬間に力んでしまう方や、イップス気味の方へ有効なドリルを紹介します。まず、左写真のように、ボールの前に鏡かタブレットを撮影モードにしてセットします。そして、実際にボールを見ながらクラブをボールにセットしたあとは、今度は視線を鏡かタブレットに移し、ボールは見ずに、画面だけ見て打ってください。

何度か打っているうちに、画面を見ながらボールを打つことで、自分の頭の中で身体やクラブを動かしている感覚になるはずです。すると、**ボールに対して合わせにいくという本能が働きづらくなるので、より身体がスムーズに動くようになり、一定の力でスイングすることが可能**になるのです。慣れてくると、自分がどういう動きをしているのかが客観的に見られるようになり、スイングに対する感覚がより磨かれるというメリットも生まれますので試してみてください。

まとめ

自分のスイングを客観的に見ると身体がスムーズに動く

大地式イメージトレーニング

画面に映ったボールとクラブを見ながらスイングすると、スイングに対する感覚がより磨かれる。

実際のボールは見ないで画面のボールを見る。

得意距離を作るための大地式メソッド

リズムよく50Yを１００球打ち続ける

ピンまでの距離が短くなるほど、距離の誤差は大きな失敗につながりますので、50Y～60Y以内のアプローチでは、自分の得意距離を作っておくことが大切です。

私はAWで50Y打つことを基本にしています。私の場合、50Yの振り幅は手の位置が肩から肩なので、この距離の打ち方を身体にしっかり覚えさせると、55Y打つ場合はもう少し振り幅を大きくし、45Yの場合は振り幅を少し小さくという具合に調整できるのです。

最初は素振りをして、この**素振りだと何ヤード打っているのかという距離感をしっかり意識する**ことです。実際に打つ場合は、**構える、同じ振り幅で打つ、ボールの落ち場所が狙った距離と同じになっているかを見る**、ということをリズムよく繰り返し、１００球ひたすら打ち続けます。球数は多いですが、これは身体に距離を覚え込ませるための大切な反復練習になりますので、ぜひ取り組んでみてください。

レッスン動画は
こちらから!

同じ構え、同じリズム、同じ振り幅で打つ

ボールを打ったあと、ボール位置は身体の正面、グリップエンドは左足股関節を指すハンドファーストという同じ構えをリズムよく繰り返し、100球打つ。

距離感を養うには反復練習しかない。そのとき、構える、同じ振り幅で打つ、ボールの落ち場所を見るという、同じ動作で繰り返す練習がより効果的だ。

AWで50Yを正確に打つための大地式メソッド

手打ちにならないように、足の裏の重心移動を使った、下半身主導のスイングで打つ。

フィニッシュは、身体が正面を向き、左足に体重が乗り、クラブヘッドは0時を指す。

まとめ

得意距離を作ることで、アプローチでのショートやオーバーのミスをなくそう

打つ前にまずは素振りを繰り返し、50Yの距離を打つ振り幅を頭の中でイメージする。

50Yの振り幅は、手の位置が肩、クラブヘッドは12時を指すイメージでテイクバック。

両腕一体化アプローチ

肩と腕で作った三角形をキープしたまま打つ

これは20Y~30YのAWのアプローチでザックリさせたくないときに有効なドリルです。構え方は、身体の正面でクラブを構えます。その分ボールは少しだけ左寄りになります。そして、グリップエンドはおへそに向けてしっかり握り、肩と腕で三角形を作り、膝から膝の振り幅でスイングします。スイング中もグリップエンドはおへそを指し続けたまま、両手は動かさず肩と腕の三角形も変えないで、お腹に力を入れて打ちます。

肩の動きは横の動きより、パッティングのような肩を上下させる動きになります。この一連の動きがクラブヘッドを滑らせてザックリすることを防ぐのです。少しダフっても、フェースが上を向きながら前に行くのでザックリしにくく、浮くような柔らかい球になります。構えたとき、グリップがハンドファーストになっているとザックリしやすくなりますので注意しましょう。**腰から腰の振り幅で30Y、それ以上は軸がブレるのでNGです。**

レッスン動画はこちらから!

肩と腕で三角形を作る

グリップを身体の正面にして、肩と腕で三角形を作る。

肩と腕で作った三角形をキープしたまま打つので、少しダフってもクラブヘッドが滑りフェースが上を向きながら前に行くためザックリする失敗が少なく、柔らかい球が打てる。

三角形をキープして打つ両腕一体化アプローチドリル

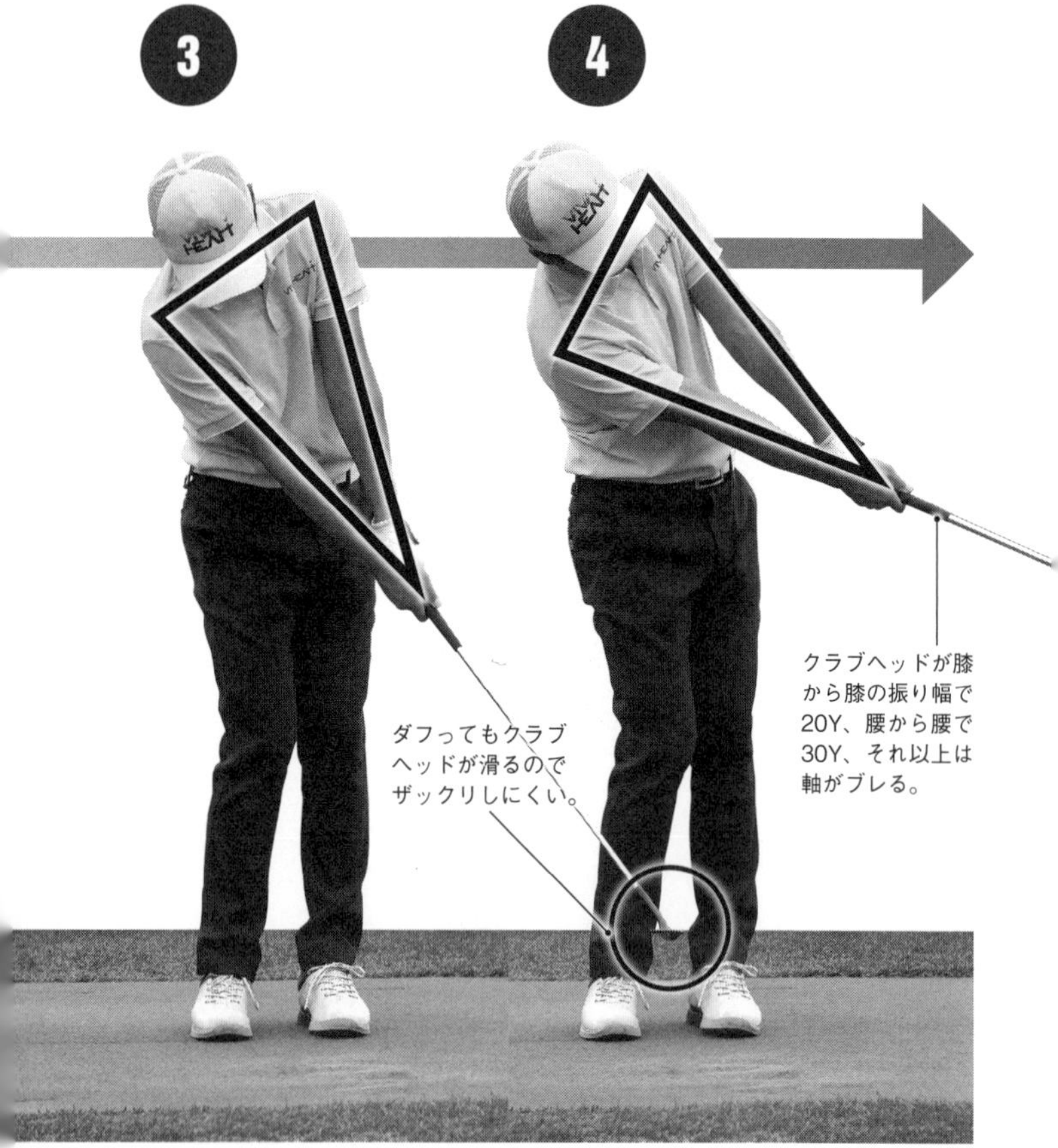
3
4
ダフってもクラブヘッドが滑るのでザックリしにくい。
クラブヘッドが膝から膝の振り幅で20Y、腰から腰で30Y、それ以上は軸がブレる。

グリップエンドがずっとおへそを指したままスイングするのが三角形をキープするコツだ。

肩の動きはパターに近い上下の動きになるので、フェースが上を向き柔らかい球になる。

まとめ

少しダフってもクラブヘッドを滑らせてザックリを防ぐ

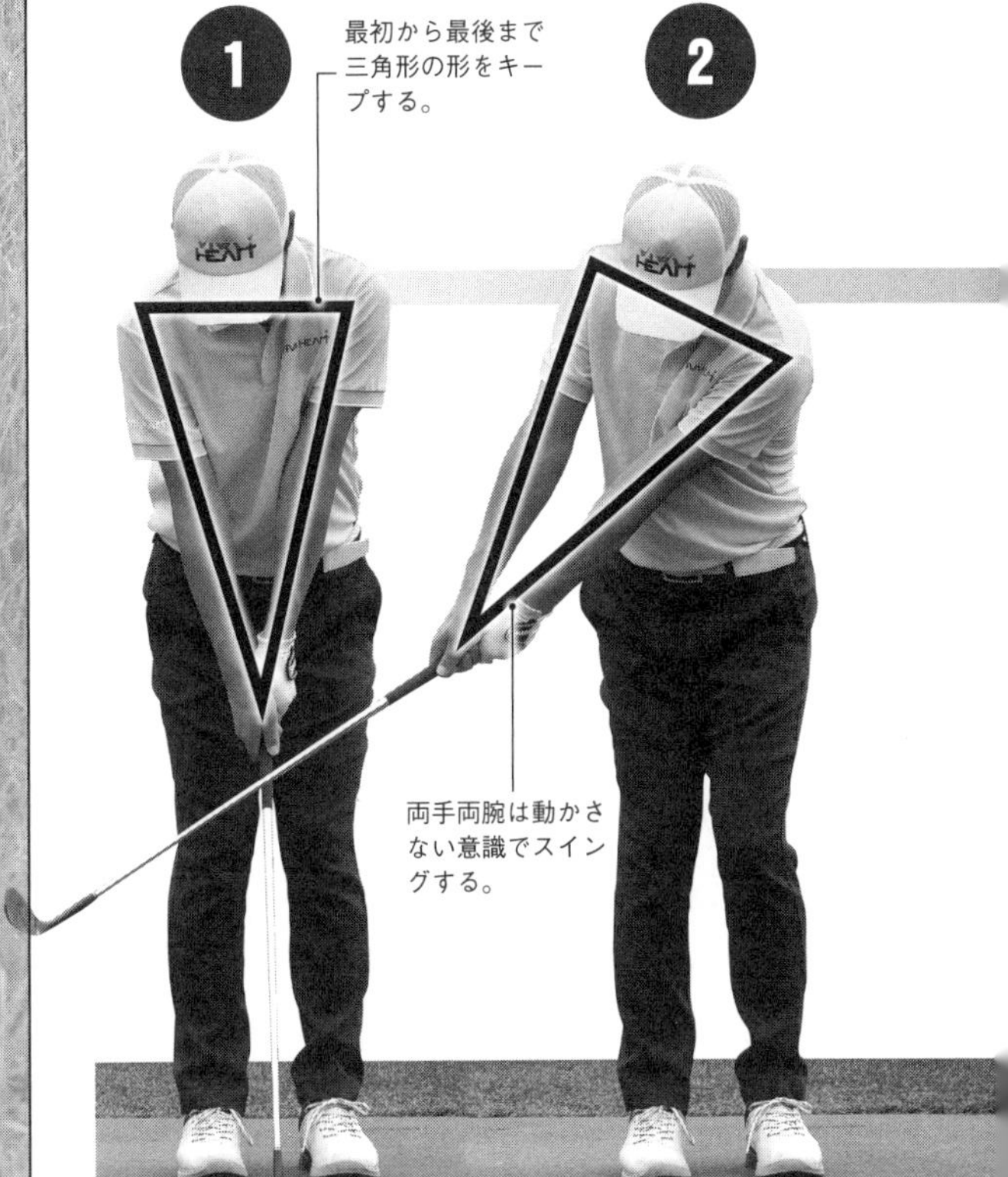
1
2
最初から最後まで
三角形の形をキー
プする。
両手両腕は動かさ
ない意識でスイン
グする。

1 身体の正面にクラブを構えボールを置き、グリップエンドはおへそに向けてしっかり握る。

2 肩と腕で作った三角形の形を変えないようにクラブヘッドを膝の高さまで振り上げる。

両手一体化アプローチ

両手を一体化させAWのクラブの重さを感じながら打つ

このドリルは、手首の柔らかさとAWのクラブの重さを利用して柔らかい球を打つ練習法です。インパクトで手や手首に力が入り、トップや強い球が出てしまう人にはお薦めです。

まず、**左手でグリップを軽く握り、右手を左手の上に覆いかぶせるように握ります。**右手も強く握るのではなく、軽く包み込むような握り方でクラブを身体の中央にセットします。

実際は、左手1本で握っているのと同じなので、この状態で身体を揺さぶると、クラブが手の中で動くのがわかるくらい不安定ですが、その分クラブの重さも伝わってきます。

スイングの腕の振り幅は8時から4時くらいですが、クラブヘッドは重さに引っ張られて10時から2時くらいの振り幅になります。そして、左肩でリードして身体の回転で打ってみましょう。**手がクラブを操作しづらい状態で打つと、インパクト後にクラブヘッドが前に走る状態になるので、クラブの入射角も緩やかになり、柔らかい球になる**のです。

レッスン動画はこちらから!

柔らかい球でボールが止まる

左手でグリップを握り、右手を上に乗せる。（左手編）

右手でグリップを握り、左手を上に乗せる。（右手編）

アプローチでは、インパクトで力が入るとトップや強い球になり、グリーンオーバーのミスになりやすい。力が入らないグリップで、柔らかいボールの打ち方を学ぼう。

両手一体化アプローチドリル（左手編）

3
4
身体の回転で打つと、クラブの入射角も緩やかになる。
腕の振り幅は8時から4時くらいだが、クラブヘッドは重さに引っ張られて10時から2時くらいの振り幅になる。

スイングは、手ではクラブを操作しづらいので、腹筋に力を入れ身体の回転を使って打つ。

インパクト後に、クラブヘッドが前に走る状態になるので、柔らかく止まる球になる。

1
2
肩の回転でテイクバックしてクラブを上げる。
右手は強く握らず、軽く包み込むように握る。

クラブを身体の中央にセットし、右手を左手の上に覆いかぶせるようにして、軽く握る。

ほとんど左手１本で握っている不安定な状態だが、振り上げるとクラブの重さが伝わる。

両手一体化アプローチドリル（右手編）

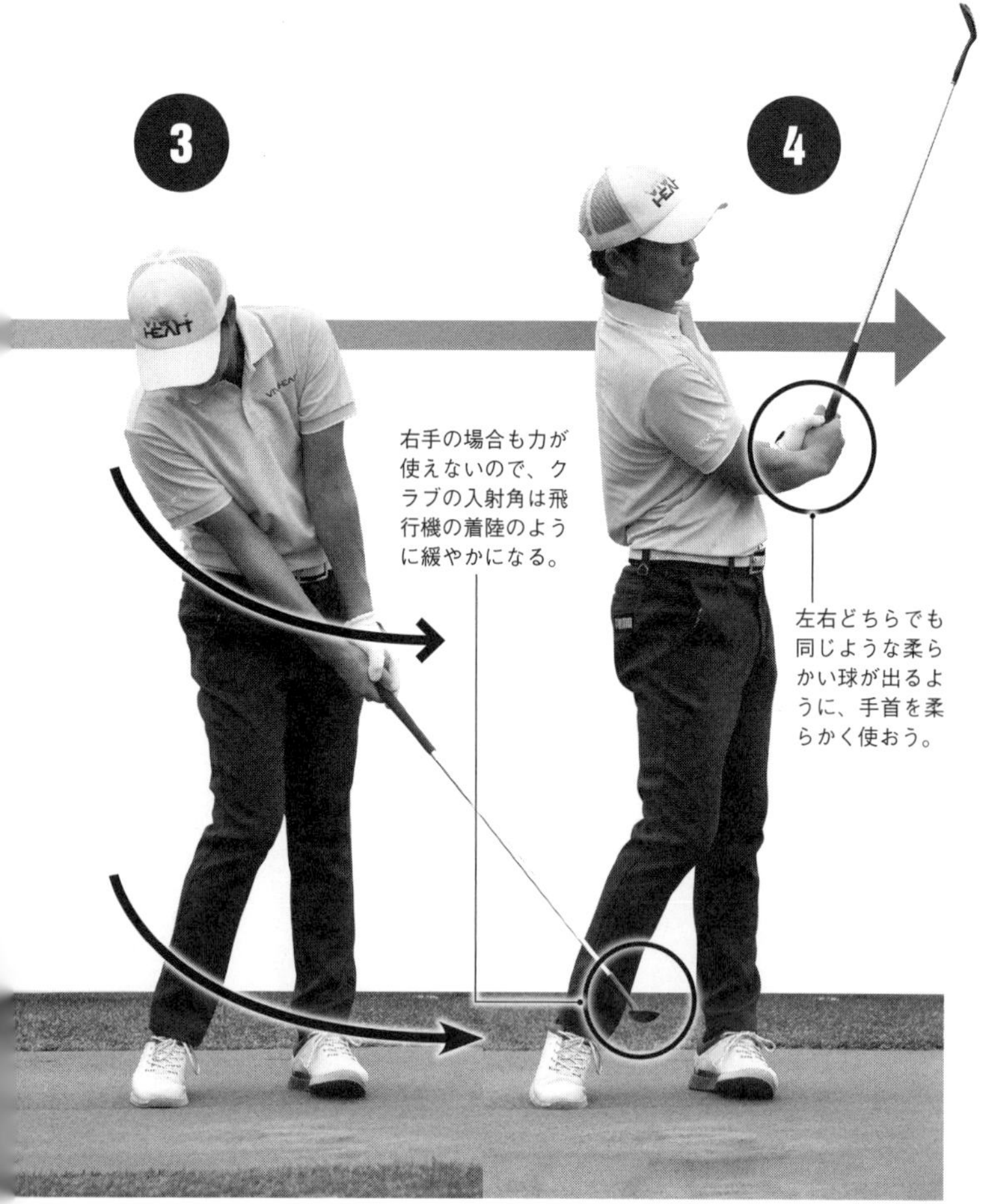
3
4
右手の場合も力が使えないので、クラブの入射角は飛行機の着陸のように緩やかになる。
左右どちらでも同じような柔らかい球が出るように、手首を柔らかく使おう。

手首は柔らかくしたままで、右手は引くイメージで身体を使ってスイングする。

手首に力が入っていないので、インパクト後にクラブヘッドが加速し、柔らかい球になる。

まとめ

両手を一体化させクラブの重さを利用して柔らかい球を打つ

1
2
右肘を身体に引き付けたままバックスイングすると、腕と身体との一体感が生まれる。
左手同様、右手の場合もグリップエンドを握るので不安定な状態。

クラブを身体の中央にセットし、今度は左手を右手の上に覆いかぶせるように軽く握る。

右肘を軽く曲げ、身体に引き付けたまま、肩の回転を使ってバックスイングする。

練習場でラフを想定して行う練習法

ティーアップしたボールを打つ

アプローチでラフから浮いた球を打つとき、転がしたほうがいい場合や、前方に障害物などがあり高い球を打たないといけない場合があります。こういった状況を想定して、**ラフで浮いている球の打ち方を、練習場のティーアップを利用して練習**しましょう。

低い球の場合は、まずグリップ位置をハンドファーストにして、軽く肘を曲げてパターを持つような形を作ります。そして、その形のままスイングして**ボールの赤道のやや下にリーディングエッジを当てるように振り**、低い球が出ればＯＫです。

高い球の場合は、ラフでクラブを上から打ち込むと、ボールの下に潜り込んで、いわゆるだるま落としの状態になります。この場合は**下からすくいあげるように打つ、いわば飛行機の離陸のようなイメージで打ち**、クラブ軌道の方向にボールが飛べばＯＫです。

ティーアップの高さを変えて、様々な深さのラフをイメージして練習しましょう。

レッスン動画は
こちらから!

まとめ

ティーアップしたボールで低い球、高い球を打ってみよう

ティーアップでラフを想定

ラフにボールが浮いているイメージで打つ。

練習場でも、ティーアップしたボールを打つことで、様々なラフの深さに合わせた低い球、高い球を打つイメージ練習ができるので試してみよう。

ティーアップして低い球を打つドリル

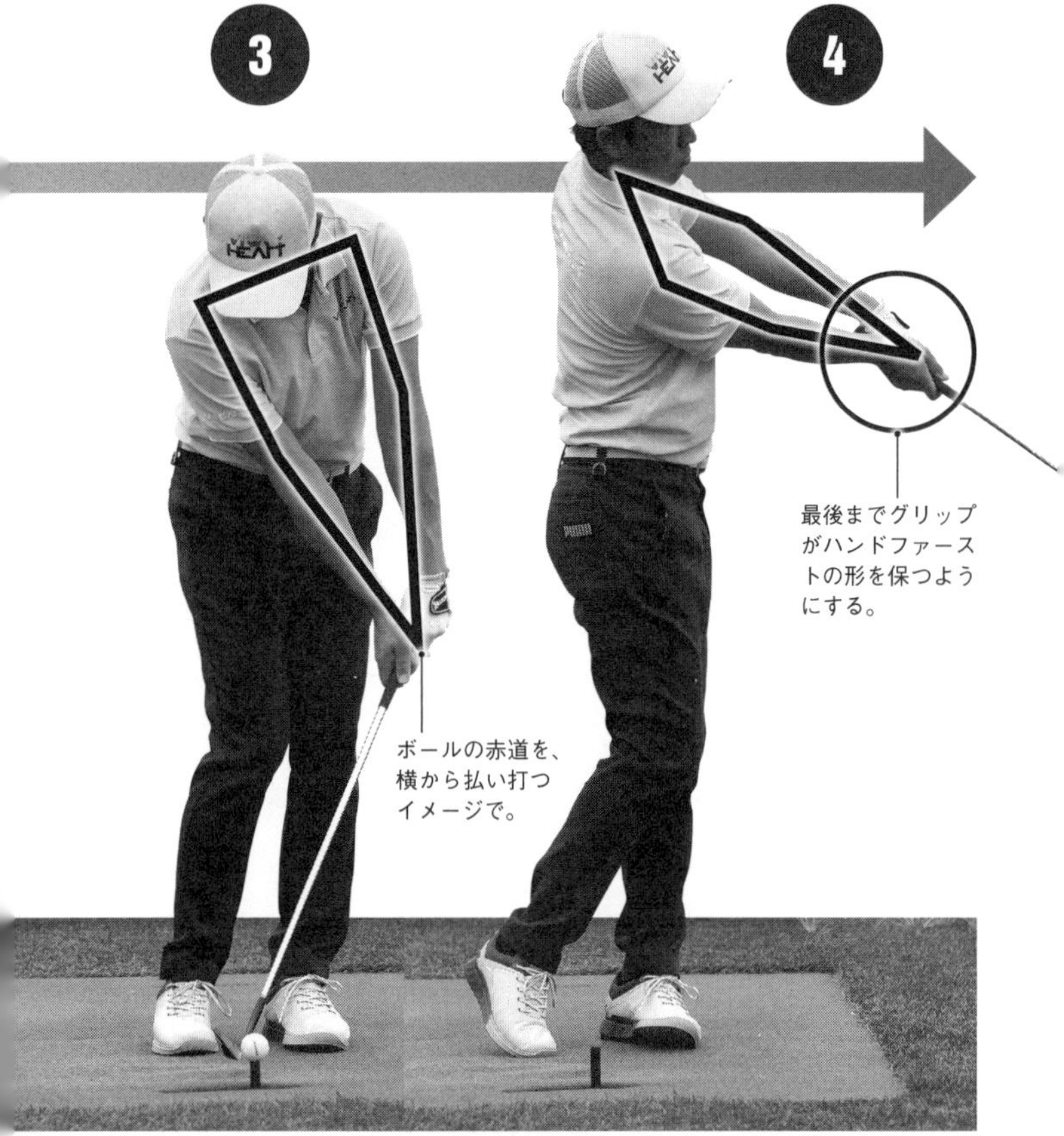
3
4
最後までグリップがハンドファーストの形を保つようにする。
ボールの赤道を、横から払い打つイメージで。

ハンドファーストのままスイングして、ボールの赤道下にリーディングエッジを当てる。

手の位置がヘッドの位置より高い状態を保ちながら、低いボールが打てるように練習する。

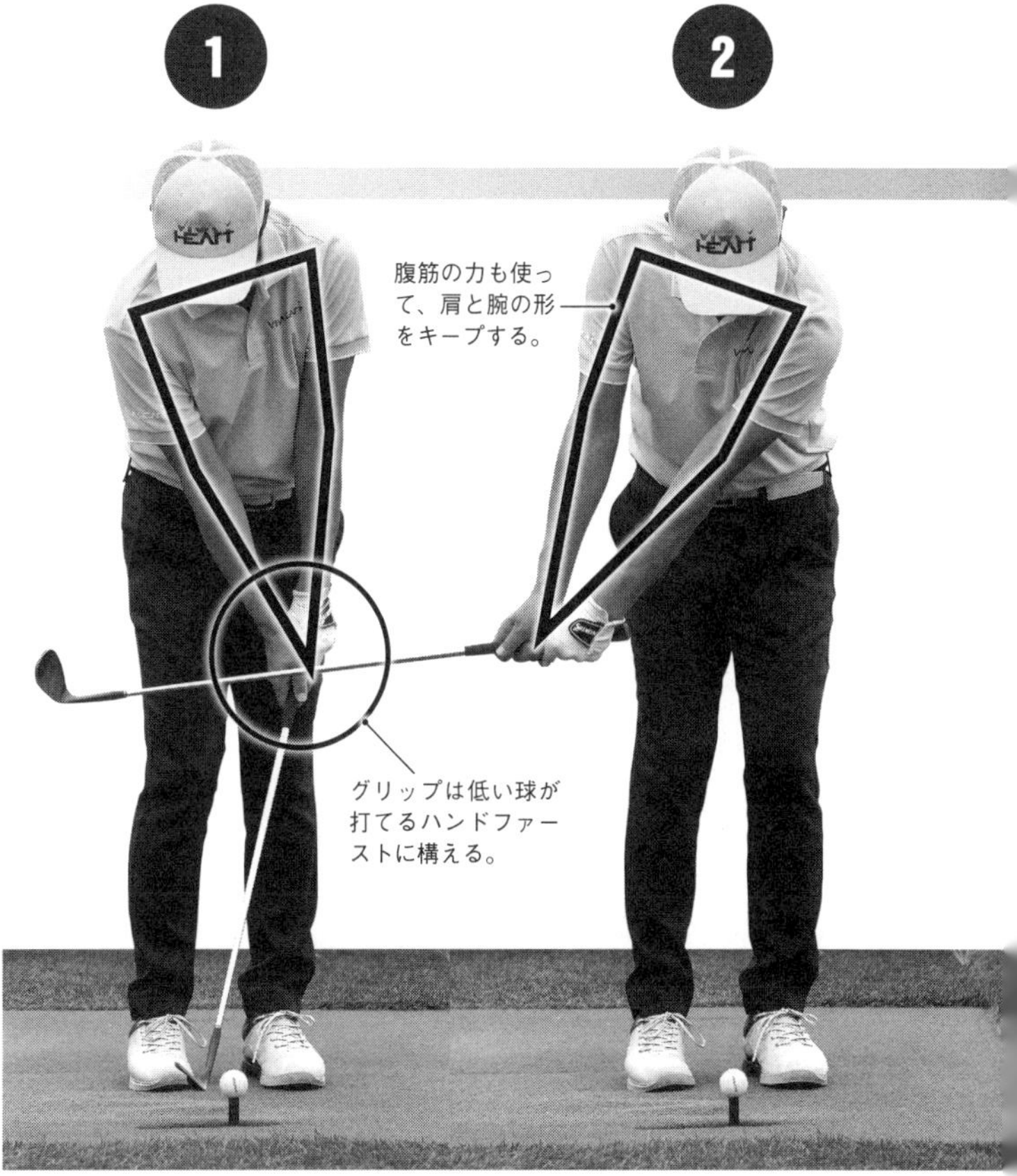
1
2
腹筋の力も使って、肩と腕の形をキープする。
グリップは低い球が打てるハンドファーストに構える。

グリップ位置をハンドファーストにして、軽く肘を曲げてパターを持つ形の構えにする。

手だけではなく身体を使って回転させ、肩と腕の形を変えないようにバックスイングする。

ティーアップして高い球を打つドリル

3
4
飛行機が離陸する
イメージを持って
打とう。
フィニッシュではク
ラブヘッドを高い位
置まで振り切る。

ボールを上げるための
クラブ軌道は、最下点
を過ぎたあと下からす
くいあげるように打つ。

打ったあと、ボールが
クラブ軌道の方向に飛
んでいけば正解なので、
確認しながら試そう。

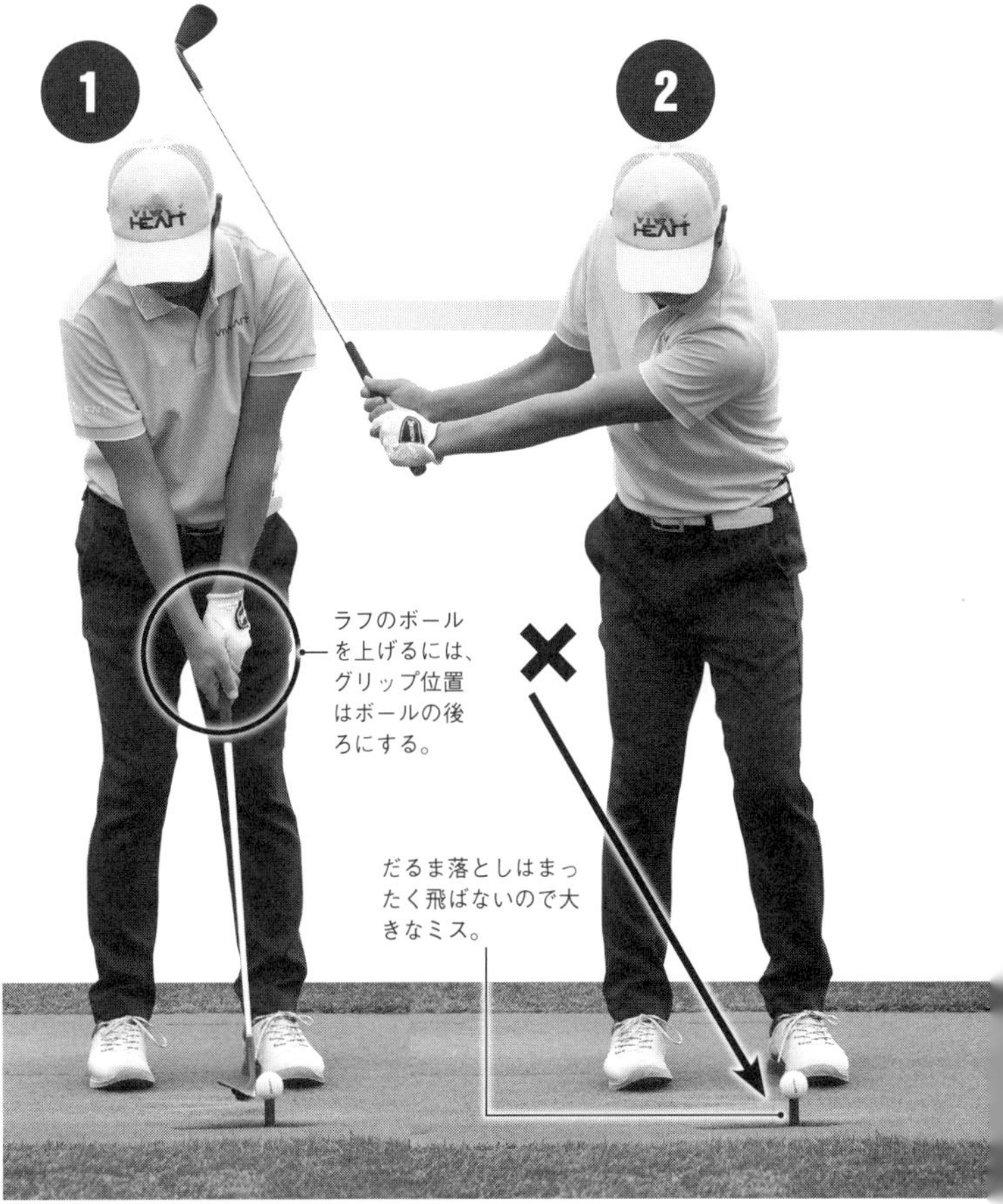
1
2
ラフのボール
を上げるには、
グリップ位置
はボールの後
ろにする。
×
だるま落としはまっ
たく飛ばないので大
きなミス。

ボールを左足寄りに置き、グリップは身体の正面にセットしてハンドレイト気味に構える。

クラブを鋭角に打ち込むと、クラブがボールの下をくぐるだるま落としのミスになる。

練習場のスタンスマットを固い地面に見立てた練習法

練習場によっては、スタンス位置にゴムではなく、少し固めのスタンスマットを使用している場合があります。この場合は、**ベアグランド風の固い地面や、ラフに沈んでいるボールという設定でアプローチの練習**をすることができます。

固い地面の場合は、ランニングアプローチが一番失敗が少ない選択になりますが、前に障害物があり高い球を打たなくてはいけない場合や、ラフに沈んでいるボールなどではランニングアプローチは使えません。

この場合、クラブをすくうように打つとトップになりますので、**クラブのフェースを少し開き、ボールの1～2㎝手前に、腕を下に振るようにクラブを上から鋭角的に入れます。**するとフェースを開いていることで地面や芝に刺さらず、バンスが効いて球を上げることができるのです。

通常のマットはソールが滑ってくれるため手前をダフってもトップになりませんが、スタンスマットだと弾かれるのでトップになります。コースでダフってトップがよく出る人も、この練習法を試してみてください。

第4章

サイコーアプローチで戦局打開！シチュエーション別攻略法

ゴルフコースならではのバンカーやラフ、左足下がりやつま先上がりの傾斜、ハザード越えなど難しいアプローチでも、失敗しないサイコーアプローチ術を身に付けよう！

バンカーショットの打ち方

バンカーショットで一番大切なことは1回で出すこと

グリーン周りには必ずと言っていいほどバンカーがあります。バンカーで大タタキした経験を持つアマチュアの方も多いと思いますが、バンカーに苦手意識があると、入れたくないと思うあまり避けすぎて厄介な深いラフに打ち込んだり、オーバーしてOBになったりする失敗も生まれます。反対にバンカーに入ってもいいと思うと、極端に避けることはなくなりますのでアプローチの選択肢も広がるのです。

バンカーショットで一番大切なことは、1回で出すことです。しかし、ライの状況が平らならまだいいのですが、傾斜がある、目玉になっている、ピンまで距離があるなど様々な状況に出くわします。

そんなときライの状況をまず判断して1回で出すにはどういう打ち方をしたらいいのか。ここではバンカーショットの基本から、状況に応じた様々な打ち方を紹介します。

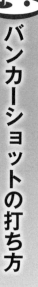

バンカーの苦手意識をなくそう

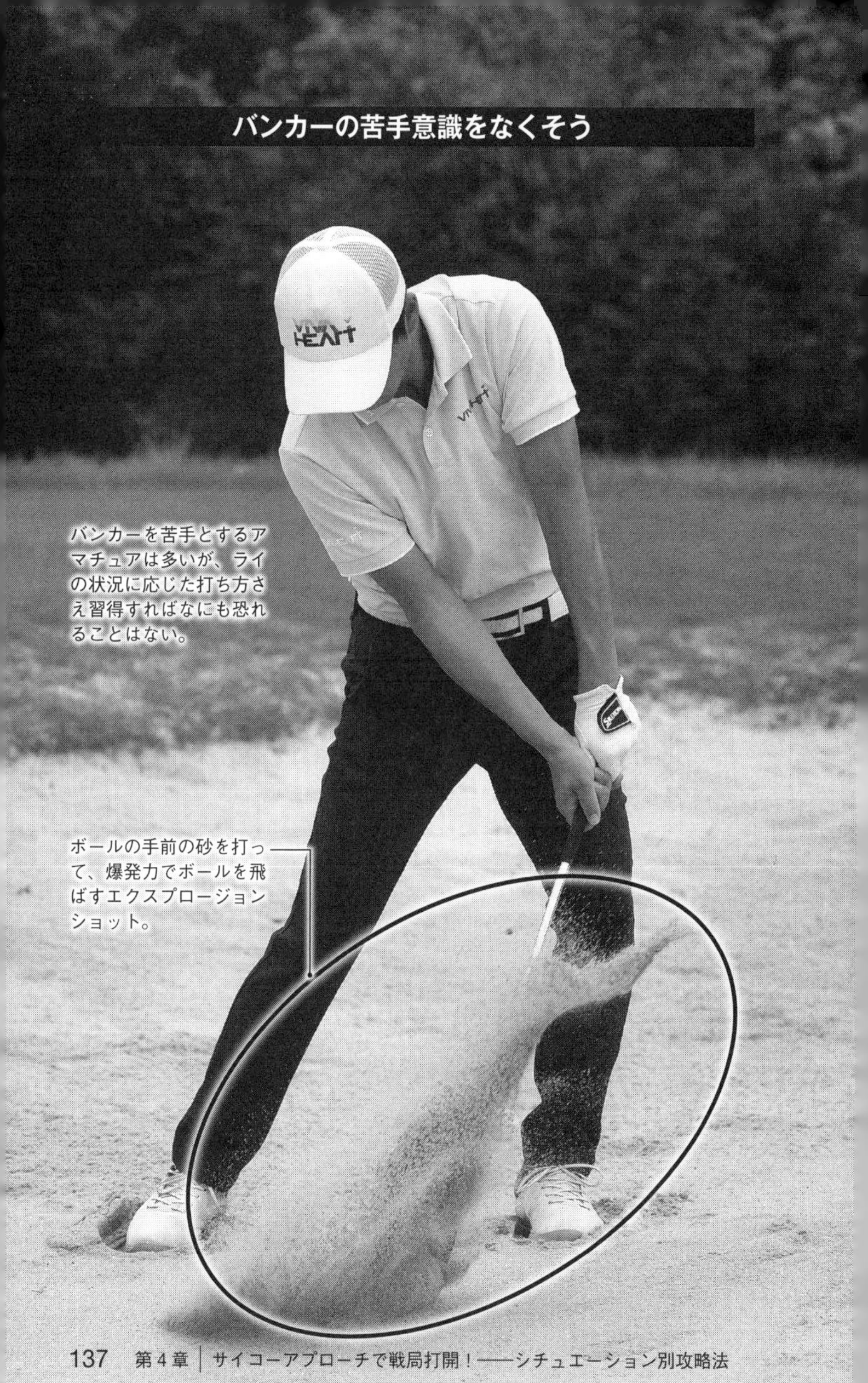

バンカーを苦手とするアマチュアは多いが、ライの状況に応じた打ち方さえ習得すればなにも恐れることはない。

ボールの手前の砂を打って、爆発力でボールを飛ばすエクスプロージョンショット。

手打ちでいいので狙った場所にクラブを落とすことを練習でマスターする

バンカーショットの基本は、**手を上手く使って手打ちで打つことです。そして狙った場所にクラブを落とすこと。**この基本をマスターすればバンカーからは簡単に脱出できます。

❶練習用バンカーにクラブで線（左写真参照）を描いたあと、線上に頭の中心を置き、その線をまたぐように足を広めに置き、クラブをセットし、フェースを15度くらい開きます。

❷重心を落とし、グリップも少しハンドダウン気味にして、グリップエンドをおへそのやや左方向に向けます。体重配分は左足6：右足4の左足体重で、安定した構えを作り、手打ちでかまいませんので、バンカーの線のすぐ左側を狙ってクラブを鋭角に落とします。

❸最初は線の右側に跡がつくほうが多いと思いますので、左側が打てるようになるまで繰り返してください。打つときはクラブヘッドが手首を追い越すような意識を持ちましょう。

❹線の左側が打てるようになったら、線の5㎝くらい左にボールをセットして、クラブを腰から腰の振り幅で振ります。クラブを振り下ろすときは、手元を身体から離さないように意識して、グリップエンドを自分の左足付け根にぶつけるようなイメージで鋭角に手を引っ張ります。手元が先に出るとクラブヘッドが砂に潜ってしまいボールが出なくなるので注意しましょう。キャリーは通常のスイングの3分の1程度となります。

レッスン動画は
こちらから!

まとめ

手元を身体から離さないように打つとクラブが潜らずに打てる

バンカーショットの基本をマスターする

線のすぐ左を狙ってクラブを正確に落とす。

砂にクラブで線を引き、線の左約5cmの場所にボールをセットする。この線のすぐ左を打つとその勢いで砂と一緒にボールが飛ぶ、エクスプロージョンショットになる。

狙った場所にクラブを落とすバンカー練習

1
4
6
左足体重にして線の左を打つことを意識する。

砂にクラブで線を引き、線をまたぐように広めのスタンスを取る。足を砂に潜らせて下半身を安定させたあと、線上にクラブをセットしてフェースを約15度開く。

2
クラブは鋭角に落とす。なだらかに入れるとバンスが効きすぎてトップのミスも出る。

重心を落とし、左足６：右足４の左足体重にして、グリップエンドをおへそのやや左方向に向け、最初は手打ちでいいのでクラブを振り上げて線の左をめがけて落とす。

3
インパクト後は、手よりヘッドが前に出る。手が前に出るとヘッドが潜って球が飛ばない。

クラブを振り下ろすときは、手元を身体から離さないように意識する。グリップエンドを自分の左足付け根にぶつけるイメージで、鋭角に手を引っ張って砂を打つ。

4
体重が右に残るとあおり打ちになり、砂を取りすぎて脱出できないミスにつながる。

砂を打ったあと、クラブヘッドが手を追い越していく感覚を意識する。最初は線の右側に跡がつくことが多いはずだが、左側が打てるようになるまで練習を繰り返す。

バンカー内の傾斜での失敗をなくす

バンカー内には平らな部分以外に、縁にかけて左足上がりや左足下がり、つま先上がりやつま先下がりなどの傾斜があります。まずは**それぞれの傾斜に沿って構えましょう**。

❶左足上がりの場合は、「あご」が近いことも多いのですが、インパクトのときにボールの手前に砂が少ないほうが抵抗も少なくなるので、ボールを上げやすい状態です。傾斜なりの右足体重にして打ったあとも、右足に体重を残したままで振り抜くのがポイントです。

❷左足下がりは、ボールの手前に砂があって難しいショットなので、出すことに専念しましょう。フェースはやや開きますが、バウンスでボールが弾かれることがありますから注意します。傾斜なりの左足体重のまま低く振り抜き、フォローも低く出すのがポイントです。

❸つま先上がりはボールの位置が足元より高いので、砂を多く取ってしまうミスが出ます。傾斜に沿って構える分クラブを短く持ち、ソールから入れることでダフりを抑えます。ボールが左に行きやすいことも意識して、いつもより右向きに構えることもポイントです。

❹つま先下がりは、ボールの位置が足元より低いので、下半身が不安定になりトップやダフりのミスが出ます。まずは下半身の重心を落とし下半身を安定させて、ソールの角度が斜面に沿うようにフラットに構え、カット軌道で砂の少ないほうから打ちましょう。

つま先上がりのライでの打ち方

足元よりボールの位置が高いので、クラブのトゥ側が砂の抵抗を強く受け砂を多く取ってしまいダフリのミスが出やすい。注意しよう。
ボールの位置が高い分、クラブは短く持つ。砂に潜らないようにハンドダウン、ハンドレイト気味に構える。
足元を砂に深く潜らせて下半身を安定させ、傾斜の影響でボールが左に行きやすいので、スタンスを右向きに構え、目標の右に打ち出す。

左足下がりのライからの打ち方

1
ボールを身体の正面から約5cm左に置き、傾斜なりに左足体重で構える。

左足下がりのライは打つ手前に砂があるので、クラブヘッドを上手く砂に潜らせるように打たなくてはいけないため難易度が高くなる。まず、傾斜なりに左足体重で構える。

2
下半身を安定させ、左足体重のままテイクバックしてスイングする。

フェースはやや開き気味にするが、開きすぎたり、初心者向けのバウンス角が大きいクラブだと、砂に潜らず弾かれてしまうことがあるので気をつけよう。

まとめ

バンカー内では傾斜なりに立ち、いつも以上に重心を落として下半身を安定させる

3
身体が起き上がらないようにして、傾斜なりに振り抜く。

左足体重のまま、ボールの約5cm手前めがけてクラブを上から鋭角に入れ、傾斜に沿って低く振り抜いていくのがポイントだ。

4
フォローを低く出すので、ボールも低い球になることを想定する。

ボールを高く上げようをとして、フォローですくいあげる動きが入るとトップやザックリのミスが出るので、フォローも低く出そう。

バンカーの砂質や状況に合った打ち方を選択する

バンカーの砂質には、ふわふわした柔らかい砂、湿った締まった砂、砂が薄くて下が固い場合などがあります。

バンカーショットの考え方は、❶**ソールから入れてバウンスを効かせて砂に潜りすぎないように打つ**のか、❷**エッジから入れて砂に潜るように打つ**のかの2つあります。

ふわふわした柔らかい砂の場合は、砂に潜ると最悪だるま落としのような状態になり、まったく飛ばないときがあります。このような場合は、❶の打ち方を選択しますが、構えはグリップ位置をハンドレイトにするほど砂に潜らなくなりますので、柔らかさの度合いに応じて位置を調整しましょう。

湿っている締まった砂の場合も、❶の打ち方を選択しますが、ハンドレイトにしすぎてクラブの軌道がなだらかすぎると、バウンスが効きすぎて砂に弾かれ、トップになることがあります。クラブは鋭角に入れるようにしてください。

砂が薄くて下が固い場合は、ハンドレイトにしてソールから入れると弾かれてトップが出ます。この場合は❷の打ち方を選択しますが、構えはグリップ位置を左足前に置き、ハンドファーストにします。これでエッジから入りやすくなるので砂に潜るのです。

まとめ

ハンドレイトとハンドファーストを使い分けて打つ

砂に「潜らせない」「潜らせる」

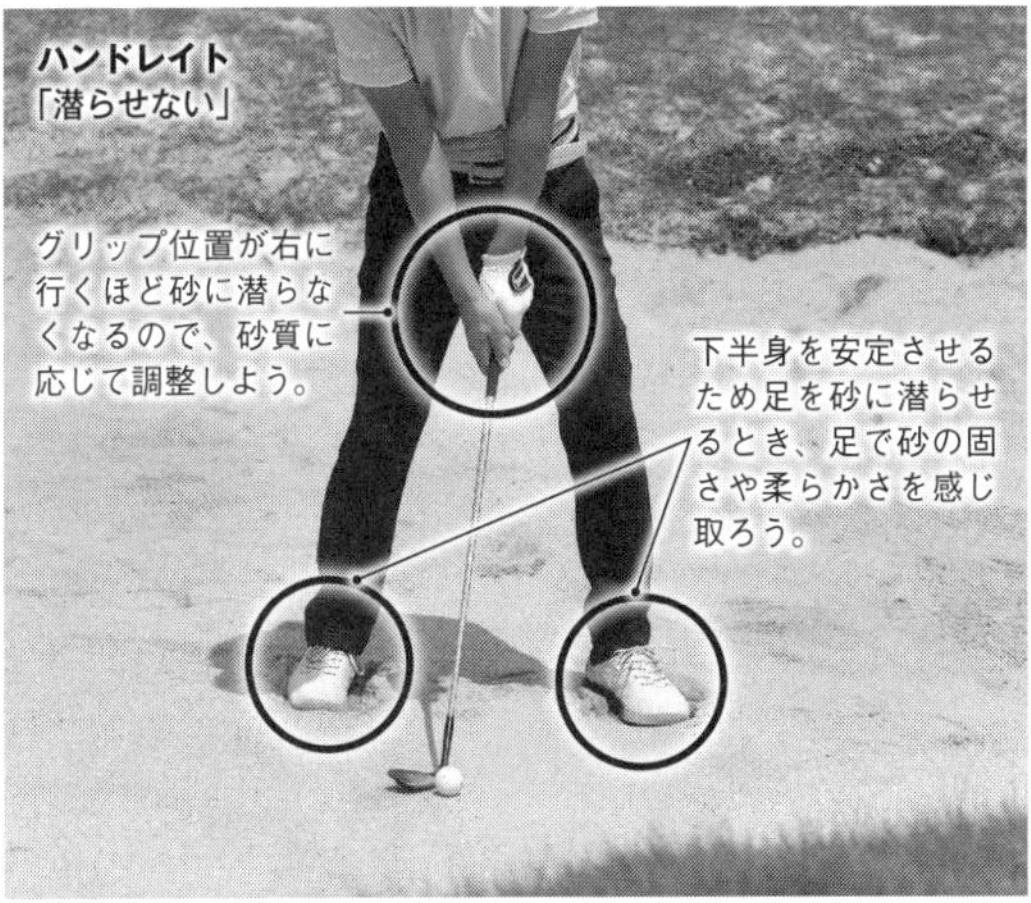
ハンドレイト
「潜らせない」
グリップ位置が右に行くほど砂に潜らなくなるので、砂質に応じて調整しよう。
下半身を安定させるため足を砂に潜らせるとき、足で砂の固さや柔らかさを感じ取ろう。

砂に潜らせたくない場合は、グリップの位置を身体の中央に近付け、ソールから落としてバウンスを効かせるハンドレイトにして構える。

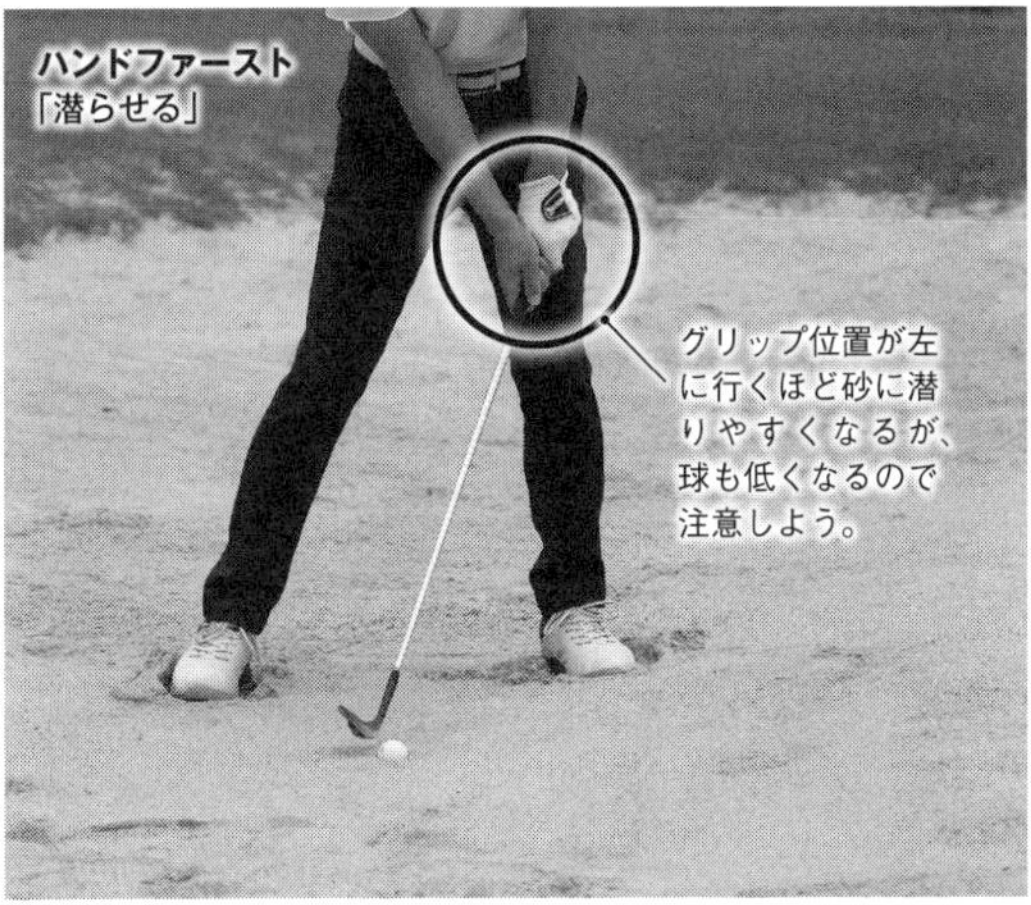
ハンドファースト
「潜らせる」
グリップ位置が左に行くほど砂に潜りやすくなるが、球も低くなるので注意しよう。

ボールの手前に砂があり潜らせたい場合は、グリップを左足の前に置き、クラブのエッジから入りやすいハンドファーストの構えにする。

目玉はコックを効かせヘッドを加速させながら鋭角に打ち込む

アマチュアの方が特に苦手とするのが目玉になったバンカーショットです。これは高いボールで真上から落ちてきて、そのまま砂に埋もれた場合や、強いボールで砂に潜った場合などがあります。ただ、どちらにしても砂に埋もれているので、打つ場合はクラブがしっかりと砂に入っていくようなショットが要求されます。

そのため、**まずグリップはしっかり握りましょう**。そして前の項目でもお話ししましたが、クラブを砂に深く潜らせる必要があるので、エッジからクラブが入るハンドファーストに構え、左足体重にします。そして、**コックをしっかり効かせてヘッドを加速させながら、ボールの2～3㎝手前に鋭角に打ち込むようにスイング**するのです。

鋭角に打ち込まないと、ボールが埋まっているのでトップ気味に飛び出たり、砂の抵抗が強くてボールが飛ばなかったりするミスが出ます。また、途中で減速するとボールに勢いが伝わりませんから、思い切って打つようにしましょう。

そして「ドン！」という感じで打ち込んだらそれで終了。フォロースルーは意識してとらなくてかまいません。この打ち方は、ボールが低く出て転がる球になりますので、そのことも想定しておきましょう。

レッスン動画はこちらから!

ハンドファーストに構える

ボールが砂に潜ったバンカーショットは、ヘッドを砂に深く潜らせて打つ必要がある。左足体重で、グリップエンドが左足の外側を向く、強めのハンドファーストの構えにする。

クラブのエッジから入れて、ボールの下にクラブを深く潜らせる。

ボールが砂に潜った状態＝目玉の場合は、クラブをボールの２～3cm手前に鋭角に入れ、エッジから砂に深く潜るように打つ。

目玉のバンカーショットの打ち方

1
ハンドファーストにして、左足体重で構える。

クラブがエッジから入って砂に深く潜るようにハンドファーストに構える。ボールが砂に深く埋まっているほど、ハンドファーストを強くしてエッジを立てる。

2
コックを効かせ、クラブヘッドを加速させながら鋭角に打ち込む。

クラブを縦に振り上げることでクラブを鋭角に落とすことができる。コックをしっかり効かせてヘッドを加速させながら、ボールの2～3cm手前に打ち込む。

3
砂の抵抗に負けないように上半身を残す。身体が左に突っ込むと砂の抵抗に負けて出ない。

打ち込んだとき、砂の抵抗に負けないようにグリップはしっかり握っておく。あおり打ちにならないようにスイング中は、左足体重をキープしておく。

4
ボールは低く出て、転がる球になることを想定しておこう。

クラブヘッドを、ドン！　という感じで打ち込んだあとは振り抜かなくていい。逆に振り抜けないくらいの勢いで砂にぶつけたほうが脱出できる。

距離のあるバンカーショット

距離のあるバンカーショットの場合でも、打ち方としては**ボールの約5㎝手前からダフらせて打つ、基本のエクスプロージョンショット**になります。

この場合、飛距離は通常の3分の1ほどに落ちますから、SWで60Y飛ぶ方なら、バンカーショットだと20Yくらいの計算になります。

このように、あとはSWの振り幅と、3分の1に落ちるバンカーショットの飛距離を計算して、ピンまでの距離を合わせるのです。ところが、アマチュアの方だと、飛ばす方でもSWのフルショットの飛距離は90Yくらいですので、SWでのバンカーショットの最高飛距離は30Yほどになり、ピンまで30Y以上の飛距離になるとSWのエクスプロージョンショットでは届きません。

もしSWを使うとすると、砂を薄く取ったりクリーンに打つなど、かなり高度なテクニックが必要になり、トップなどのミスも出やすくなります。

そんな場合は、距離に応じてAWやPWに持ち替える方法もあります。

そのとき、飛ばそうと思って右肩が下がると、すくい打ちなどの大きなミスにつながりますので、右肩は下げないように注意しましょう。

まとめ

飛距離は通常の3分の1になる

30Yまでなら SW、30Y以上はAWやPWのクラブを使おう

バンカーショットでは、飛距離が落ちることを計算してピンまでの距離を合わせる。

バンカー越えのアプローチ

どこに落とすかに集中する

アマチュアの方は、バンカー越えのアプローチなどの場合、バンカーに入れちゃいけない、高く上げなくちゃいけないと思うあまり緊張しすぎて失敗するケースがよくあります。

もちろんこの状況では、バンカーに入れないことが最優先ですが、冷静に状況を判断すると、**必要以上に高いボールを上げるとか、スピンを効かせるなどの細工をしないでも十分にピンに寄せるボールを打てることが多くあります。**

まず、ピンまでの距離が何ヤードあるのか、そのために

AWでの自分のキャリーとランの距離をしっかり計算して、落とし場所に集中して打つ。

はどこに落としたらいいのかということに集中しましょう。つまり普段の練習から、自分のスイングと距離をしっかり意識するのです。クラブと打ち方の違いによって、この振り幅だと何ヤードにキャリーして、何ヤード転がるということを確認しながら練習しましょう。すると、バンカー越えの状況でも、距離の計算をもとにAWを使ったピッチエンドランで大丈夫か判断できるはずです。

バンカー越えのアプローチの考え方

1
上から見たピンまで
50Yのアプローチイメージ
バンカー
グリーン
20Y
30Y
10Y
20Y
30Y
40Y
50Y
ボールの
位置

バンカー越えのアプローチでは、まずバンカーを越える距離と、バンカーからピンまでのおおよその距離を確認してから、ボールのライの状況を見る。

2
20Y
最低20Y越えれば
バンカーに入らない
ことを確認したあと
振り幅を決める。

ボールが浮いていて球を上げられる状態なら、ピンまで50Y、バンカーを越えるのに20Y、バンカーからピンまで30Yの距離をもとに落とし場所を考える。

まとめ

普段の練習から自分のスイングと距離をしっかり意識しよう

AW で 50Y を打つ場合、キャリー 8：ラン 2 の割合なので、ピン手前 10Y に落ちて転がる計算になる。グリーン手前に落ちたとしてもバンカーに入る失敗には、まだ 20Y の余裕がある。

AWで上げる球を打つことを決断したあとは、ピン手前 10Y 付近の落とし場所に意識を集中させる。日ごろから 50Y 以内は 10Y 刻みで打てるように練習を心掛けよう。

傾斜からのアプローチショット

つま先上がりのアプローチショット

傾斜からのアプローチショットで一番大切なことは、まず傾斜に沿って構えることです。つま先上がりの場合は、**ボールとの距離が短くなるのでその分クラブを短く持ちます**。そして、傾斜に沿ってクラブを短く持って構えたとき、クラブのリーディングを目標に向けて構えると、ライ角がアップライトになりますので、フェース面は左を向くことになり、ボールも左へ飛んでしまいます。ここで大切なのは、リーディングエッジではなく、**フェースの向きを目標にセット**しましょう。

そのためには少しハンドファーストにするとフェース面が右を向きますから、グリップ位置を調整してください。クラブのロフト角が大きいほどフェース面は左を向きますから、その分ハンドファーストを強くします。スイングは目標の右方向を狙ってインサイドアウトに振りますので、スタンスも振りに合わせたクローズドスタンスにセットしましょう。

つま先上がりの構え方

前
ボールと身体との距離が近くなるので、距離に合わせてクラブは短く持つ。
リーディングエッジではなく、フェースの向きを目標にセットする。
目標の右を狙ってスイングするので、スタンスも同じようにクローズドスタンスにして構える。

つま先上がりの斜面では、自分の足元よりかなり高い位置にあるボールを打つので、距離感が合わずにダフったり、横振りになりフックが出やすいので気を付けよう。

正面
SW など、クラブのロフト角が大きいほどフェース面は左を向くので、その分ハンドファーストを強くする。

傾斜に沿ってクラブを短く持って構えると、ライ角がアップライトになるのでフェース面は左を向く。そのためフェース面が右を向くようにハンドファーストに構える。

フェースは返さないで打つ

前
クローズドスタンスに合わせて、インサイドアウトに振る。

ボールとの距離が近いのでいつもより前傾姿勢は浅くなるが、スイング中はボールとの距離感を一定に保ち、ターゲットの右を狙ってインサイドアウトに振る。

正面
9
ボールを身体の中心からやや左に置くとダフりにくくなる。

つま先上がりのライはボールと身体との距離が近くダフりやすくなるので、ボールを身体の正面よりやや右に置くとダフりにくくなる。

まとめ

リーディングエッジではなくフェースの向きを目標にセットする

左肘を引いてハンドファーストの形を維持したまま、フェースは返さないようにする。

クラブフェースを返すとボールは左に飛ぶので、打ったあともハンドファーストを維持してフェースは右に向けたままにする。

3

傾斜が強い場合、スイングを大きくすると重心が不安定になる。アプローチでは腰から腰の振り幅の距離に合わせてクラブを選ぼう。

つま先下がりのアプローチショット

つま先下がりの場合は、ボールとの距離が遠くなる分、**いつもより重心を低くしてスタンスもやや広めにして安定させます。そしてクラブのシャフトを、パターを構えるような吊っている状態にしたあと、ソールを傾斜に合わせてフラットに構えます。**

ここで、ヒールの部分だけが地面に当たるようにアップライトに構えると、ヒールのネック部分だけが地面に当たって引っかかり、フェースが返ってフックが出るミスにもつながりますので注意しましょう。フラットに構えた状態で何度か素振りをしてみて、身体がブレない重心位置を確認しながら、スイング軌道と球筋のイメージを作ります。フラットに構えると、フェースも右に向きやすくなるので、カット軌道にして振ったほうが地面に対しての抜けもよくなるのです。

また、クラブ軌道の最下点でインパクトが出来るように、グリップとクラブの位置は身体の真ん中にして構えます。

スイング中は膝が上下に動かないように意識して、スライス軌道のボールをイメージして打ちましょう。

つま先下がりの構え方

後ろ
腰を落として重心を下げ、ボールとの距離を近付ける。
重心を低くした分、手の位置も低くする。
クラブのソールを傾斜に合わせてフラットに直し、ボールの後ろにセットする。

つま先下がりは、ボールが足元より低い位置にあるため、身体が少し浮き上がったまま打つとトップやチョロのミスになる。まずはいつもより重心を低くして構えよう。

正面
スタンス幅は肩幅よりも広めに取り下半身を安定させる。

ボール位置は、クラブ軌道の最下点でインパクトするので、クラブヘッドが真ん中でボールはその左にセットする。スタンスは広めに取り下半身を安定させる構えを取る。

膝の上下動に注意する

後ろ
スタンス幅は肩幅よりも広めに取り下半身を安定させる。

スイング中に傾斜の強さに負けて膝の高さが変わるとトップやザックリのミスにつながる。スイング中は膝が上下に動かないように、下半身を安定させることを意識しよう。

正面
腹筋にも力を入れ、胸の高さを変えないでスイングする。

スイング中は手の位置を低くしたまま、あおり打ちにならないように胸の高さを変えないで、ボールと身体の距離を一定に保つように気を付けよう。

まとめ

重心を落とし傾斜に合わせてソールをフラットにして構えよう

カット軌道に振ると地
面の抜けがよくなる。

つま先下がりからフックが出る理由は、クラブのネックが地面に当たりフェースが返るため。フラットに構えカット軌道にして振ろう。

クラブを振り上げず、
コンパクトにスイング
する。

フィニッシュでクラブを上げようとするとトップやチョロの原因となる。クラブが低い位置に収まるようにコンパクトにスイングする。

左足上がりのアプローチショット

左足上がりの場合は、傾斜に沿ってスイングすることが重要です。

そのためには、**セットアップで右足体重にして、右足で支えるような垂直なアドレスを取ります。**

反対に、左足が上がっている状態で身体をいつも通りにして立とうとすると身体は左に傾きます。その状態で構えるとハンドファーストになりますので、そのまま打つと地面に刺さってしまうミスが出るのです。テクニックのひとつとして、そういう打ち方もありますが、インパクトがピンポイントになりますので、失敗する確率も高くなります。

ボールの位置は足の位置で見ると真ん中ですが、右足軸にして構えているため、目線でいうと少し左寄りになります。右に置けば置くほど刺さるミスが出やすくなりますので注意してください。

右足体重で垂直なアドレスを取ったあとは、傾斜に沿って振ります。そのとき、**フォロースルーで左肘を少し引くようにして、アッパー気味に振る**ようにするとクラブの抜けもよくなりますので試してみてください。

ボールが上がる分、飛距離は短くなりますのでその点も頭に入れておきましょう。

左足上がりの構え方

ボールの位置は両
足の真ん中だが、
右足軸にしている
ため目線でいうと
少し左寄りになる。
右足体重にして、
右足で支えるよう
な垂直なアドレス
にする。

左足上がりの傾斜でいつも通りに立とうとすると身体は左に傾き、ハンドファースト
の構えになり地面に刺さるミスが出る。傾斜に沿って右足で支える垂直な構えにする。

左足上がりからの打ち方

1
アドレスを取ったあと傾斜に沿って何度か素振りをして、右足軸がブレないか確認しよう。

傾斜に沿ってスイングができるように、セットアップで右足体重にして、右足で支えるような垂直なアドレスを取る。地面との距離に合わせてクラブを短く握る。

2
テイクバックはコンパクトな振りに収める。

バックスイングが大きすぎると右足の軸がブレるので、テイクバックは腹筋も使いながらコンパクトな振り幅にする。

まとめ

傾斜に沿って左肘を引くようにしてアッパーに振る

3
フィニッシュまで右
足体重のまま振る。

右足体重のまま傾斜に沿ってスイングする。体重移動は行わず、最後まで右体重のまま振る。

4
フォロースルーでは
左肘を少し引くとク
ラブの抜けがよくな
る。

フォロースルーでは手首は返さないで、左肘を少し引くようにしながら、アッパー気味に振るとクラブの抜けもよくなる。

左足下がりのアプローチショット

左足下がりからのアプローチショットで多いミスはトップです。このトップにも2種類あり、**地面に当たらずに空中を振ってリーディングエッジがボールの上部をたたいてしまうトップ**と、**地面に先に当たってクラブが弾かれてリーディングエッジでボールを打ってしまうトップ**です。

例えば、左に30度ほど下がっている傾斜で通常のフラットな状態での構えにすると、持っているクラブのロフト角が50度だった場合、30度の傾斜が加わるので、地面に対しては80度のロフト角になり、これはフェースが完全に上を向いた状態です。この状態で振るとリーディングエッジでしかボールに当たりません。

つまり、傾斜通りに立って左足体重に構えたあと、**グリップの位置をハンドファーストにして、ロフトを立てて50度に戻す**ことで、通常の地面と同じ状況を作るのです。

ボールの位置は両足の真ん中に置きますが、左足体重で立っている分、目線としては真ん中から右寄りにあるように見えます。

そして、傾斜に沿って振りますが、フィニッシュでクラブを上げようとするとミスにつながりますので、低いフィニッシュでの、ランニングアプローチをイメージしましょう。

左足下がりの構え方

前
右足を少し引き、
両膝の高さを揃え
て構える。

左足下がりのショットではスイング中に身体が左に突っ込むミスも起こる。写真のように右足を引き、両膝の高さを揃えるとダウンスイングで身体が突っ込みにくくなる。

正面
グリップをハンド
ファーストにして
ロフトを立て、元
のロフト角の状態
に戻す。

左足下がりの傾斜では、傾斜通りに立って左足体重に構えたあと、短く持ったグリップの位置をハンドファーストにしてロフトを立て、元のロフト角に戻す。

左足下がりからの打ち方

前
立てたロフトの角度を維持しながら傾斜に沿ってスイングする。

左足を引いた分、インサイドに引きやすくなる。立てたロフトの角度を維持しながら、身体が左に突っ込まないように左の軸をしっかり保って傾斜に沿って振る。

正面
左足体重が崩れないようコンパクトなスイングにする。

スイング中は最初から最後まで左足体重を維持する。左足体重なので身体を無理に回そうとするとバランスが崩れてくるので、コンパクトなスイングを心掛ける。

まとめ

ハンドファーストにしてロフトを立てて低いフィニッシュで打つ

腹筋に力を入れ、上半身が起き上がらないようにする。

クラブはインサイドから下りてくるので、右足が高い斜面でもダフることなくスイングできる。手は返さないで低い位置に止める。

フィニッシュまでハンドファーストを維持して、クラブヘッドを低い位置に収める。

フィニッシュでクラブを上げようとするとミスにつながるので、低いフィニッシュでのランニングアプローチをイメージして打つ。

ラフからのアプローチショット

ボールの沈んでいる状況で判断する

ラフからのアプローチは、ラフの長さ、密集度、ボールがどのくらいラフに沈んでいるのかといった状況によって変わってきます。

ラフが長くて密集しており、ボールが浮いている場合は上から打ち込んだり、フェースを開きすぎたりすると、クラブがボールの下をくぐってだるま落としの状態になって飛ばないミスが起こります。こういった場合は、**ハンドファーストにしてクリーンにボールに当てるランニングアプローチにするか少しアッパー軌道にして打つ**ことを心掛けましょう。

ラフが長くて密集した中にボールが沈んでいる場合は難易度が高くなります。沈んでいると横から払い打つことができませんし、ラフの抵抗が強いのでボールをフワッと上げることもできません。**左足体重、ラフの抵抗に負けないようにＡＷやＳＷのフェースを少し開いてグリップをしっかり握り、ボールの直前にクラブを強く打ち込みましょう。**

浮いているボール

ボールがラフにある場合は、ボールの後ろにクラブをソールしてラフの深さをチェックする。3cm 以上浮いていれば少しアッパー気味にしてボールを上げて飛ばそう。

沈んでいるボール

ボールが密集したラフに沈んでいる場合は横から払い打つことができない。ラフの抵抗に負けないように AW や SW のフェースを少し開きボールの手前に鋭角に打ち込む。

浮いているボールの打ち方

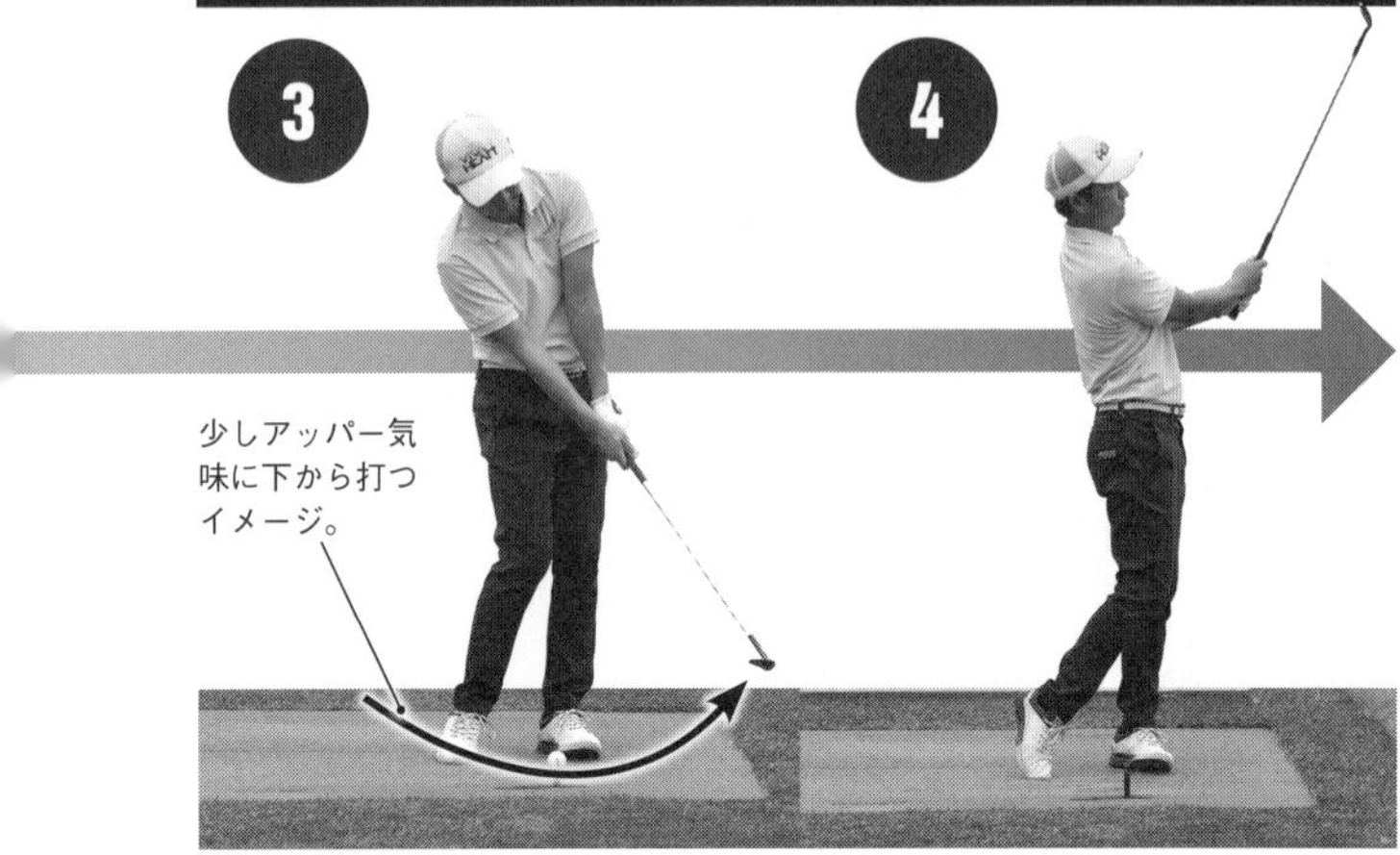
3
4
少しアッパー気味に下から打つイメージ。

最下点を過ぎたあと飛行機が離陸するイメージでボールを打つ。

クラブに引っ張られるように最後は身体が正面を向く。

沈んでいるボールの打ち方

3
4
ダウンスイングでは、打ち込む場所に意識を集中する。

ボールの直前めがけて、クラブを強く入れるように打ち込む。

フォローを取ると芝の抵抗に負けるので打ち込んで終わり。

まとめ

深く密集したラフに沈んだボールは、AWやSWで強く打ち込む

グリップは、
ハンドレイト
にして構える。
1
2

グリップは身体の中央、ボールは少し左寄りにして構える。

緩やかなスイング軌道でボール手前に最下点が来るように振る。

1
2
クラブが鋭角に
入るようにハン
ドファーストに
構える。

ややハンドファーストのグリップで、左足体重にして構える。

ラフの抵抗に負けないようにグリップはしっかりと握る。

砲台グリーンへのアプローチショット

一番失敗の少ない方法から考える

砲台グリーンに苦手意識を持つアマチュアの方は多いのですが、この場合も**ボールのライの状況に応じた選択が大切**です。

例えば、ボールが芝に浮いていてボールが上げられる状況なら、一番の選択肢は少しダフっても失敗の少ないピッチエンドランの柔らかいボールです。そこでグリーン面が狭いとか、砲台グリーンの近くでピンも近いということになると、失敗のリスクは高くなりますが、落とし場所に集中して、フェースを返さないでスピンをかけることやロブショットを考えます。

反対にボールが上げにくい状態なら、ランニングアプローチで斜面にワンクッションさせてグリーンに転がし上げるボールが一番失敗の少ない選択肢です。

もし、落とし場所がラフだったり、急斜面の場合は、次に寄せやすい位置までボールを

まとめ

状況に応じた柔軟な思考で大タタキの失敗を防ごう

砲台グリーン

❶ボールが芝に浮いていて上げられる状況なら、グリーン面に直接落とすピッチエンドランを考える。
❷ボールが上げにくい状況なら、斜面にワンクッションさせてボールの勢いを殺して転がし上げるランニングアプローチを考える。
❸ボールの状況は❶と同じだが、砲台グリーンがすぐ近くで、ピンも手前ならロブショットを考える。

運ぶということも、大タタキの失敗を防ぐ選択肢のひとつになります。

状況に応じて柔軟な思考で対応できるようにしましょう。

ピンの位置別対処法

ピンのショートサイドに外すと大タタキにつながる

ピンが切ってある方向をアプローチで狙おうとするときは、失敗すると大きなリスクが待ち受けていないかを考えます。

ピンが切ってある位置を大別すると、グリーンの手前、奥、右、左の4か所になります。もちろん、グリーンに大きな傾斜や段がある場合などはさらに難しくなりますが、フラットなグリーンでも、それぞれのピン位置によっては、ピンのショートサイドに外すと大タタキにつながる危険地帯が待ち受けている場合があるのです。

まず、ピンが手前に切ってある場合は、手前にバンカーやクリークなどのハザードがないか確かめましょう。もし障害物があるようなら、ピンの奥にキャリーでオンさせます。

ピンが奥の場合は、奥にこぼすとOBゾーンがあったり、深いラフが待ち受けていたりする場合がありますので、必ず飛びすぎないボールで手前からアプローチすることを心掛

まとめ

危険が待ち受けるピンのショートサイドは絶対に避けよう

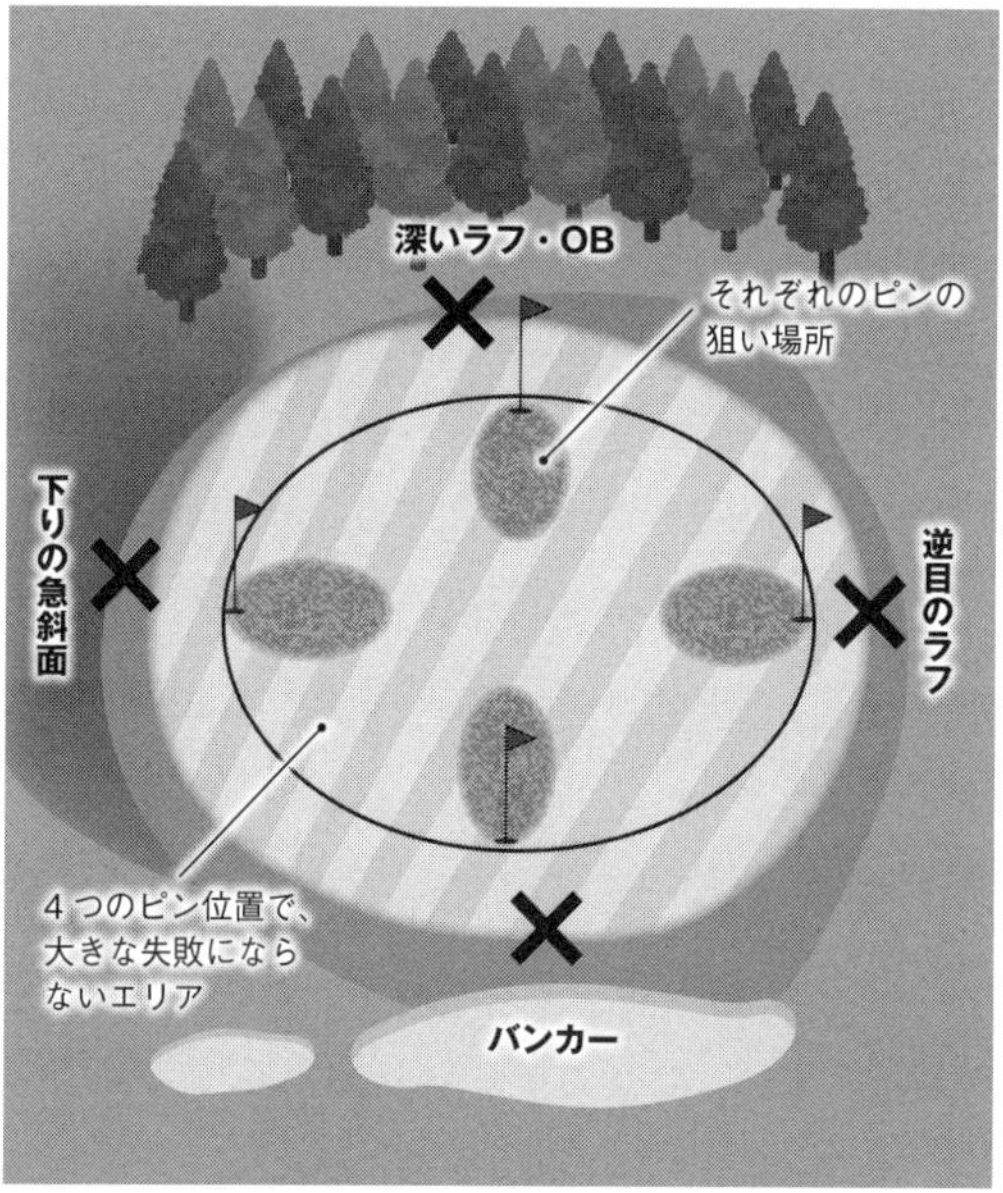
深いラフ・OB
それぞれのピンの
狙い場所
下りの急斜面
逆目のラフ
4つのピン位置で、
大きな失敗になら
ないエリア
バンカー

アプローチでピンのショートサイドに外すと大タタキにつながる危険地帯が待ち受ける。必ずグリーンセンター方向を狙おう。

けましょう。

ピンが右や左に切られている場合は、ピンのショートサイドに外すとバンカーや急斜面、ラフや逆目のライなど難しい状況に陥ることが多いので、しっかりとグリーンのセンターを狙ってアプローチをすることが、大きな失敗を防ぎます。

ピンを狙うときは、ピンのショートサイドは絶対に避ける基本的マネジメントが大切です。

突然のシャンクへの対応

自分の感覚を信じないで極端な方法を取る

グリーン周りでのアプローチで、突然のシャンク。原因は手が前に出ることでネックに当たって右に飛び出したり、ボールを右に置きすぎているためフェースが開いた状態やトゥ側に当たって右に飛び出すなど様々です。

実は私もシャンクが出るときがありますが、**動きが悪いというのではなく、フェースのどこで当てるのかについての集中力が欠如したときに出る**ようです。連続して出る場合はフェースに当たる感覚がすでにずれているので、自分の感覚を信じずに、**ネックに当たっている場合はボールを中央ではなく、トゥの先にセットするなど極端な方法を取りましょう。**

クラブフェースの中央にボールをセット（写真❶）したあと、打つときネックに当る（写真❷）、トゥに当たる（写真❸）とシャンクになる。その時、❷のシャンクの場合は❸に、❸のシャンクの場合は❷にボールをセットして打とう。

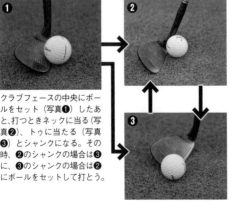

第５章

サイコーアプローチで悩み解消Q＆A

アプローチに関する、読者からの悩みや迷い、練習法やメンタルトレーニングなどについて、サイコーアプローチならではの視点からわかりやすくアドバイス！

質問 1

ディボットに入った場合はどういうアプローチで対応すればいいですか？

ディボットが大きい場合は、ディボットの中の手前、中央、前寄りが考えられます。手前にある場合はクラブのソールが入っていく余地はまったくないので、**腕を五角形にしてグリップをハンドファーストに構えて、ボールの赤道を狙って意図的にトップさせるしかありません**。そのときボールの頭をたたくと転がりませんので注意しましょう。

ディボットの中央や前寄りにある場合は、**低い球を打つのであれば手前にあるボールと同じようにトップさせるかランニングアプローチ**で打ちます。

ボールを上げたい場合は、クリーンに打つことはアマチュアの技術では難しいので、**バンカーショットのようにボールの3～5㎝手前を狙ってエクスプロージョンショット**を打っていきましょう。

答え

ディボットの中の手前にあれば転がし、中央や前寄りで上げるならバンカーショットの要領で打つ

質問 2

アプローチの場合、落とし場所は必ずグリーン面なのでしょうか？

そうできればベストですが、例えば、残りの距離やライの状況によって、手前から転がしたほうがいい場合や、ボールを上げられない状況もあるので、**判断基準としてはグリーン面に落とせるのか落とせないのかということを最初に考えます。**

グリーン面に落とせる状況なら、ＡＷやＳＷで失敗の少ないピッチエンドランで柔らかい球を打っていきます。

ボールのライが悪くてグリーン面に落とせない状況なら、ランニングアプローチなどの低い球を打ったとき、**クラブごとのキャリーとランを計算して、落ちる場所が平らなのか固いのか、傾斜があるのか、イレギュラーしそうなのかなどを判断して、ミスの少ないクラブ選択をするように**心掛けましょう。

答え

まず判断基準としては、グリーン面に落とせる状況か落とせない状況かを最初に考えよう

質問 3

ベタピンに付けようと意識するとオーバーします。なぜですか？

ベタピンに付けようと思えば思うほど意識がピンの方向に行くので、打つ球も強くなり落ちる場所もおのずとピンに近くなってしまいオーバーするのです。

それを嫌がってスイングを途中で緩めると今度はトップしたり、ダフって極端にショートしたりのミスも出ます。

つまり、**ピンを意識するのではなく、どこに落としたらピンに寄るのかを考えて、まずその落とし場所に集中すること**です。

自分がイメージした通りの場所に落とせるようになることが、究極のアプローチ上達法ですから、日ごろの練習で、クラブの振り幅やリズムに合わせて飛距離をしっかりと把握して、1球ごとに集中して行いましょう。

答え

ピンを意識するのではなく、どこに落とすと寄るのかを考え、落とし場所に集中しよう

質問 4

ゴルフ場にアプローチの練習場がある場合はどのような練習法が効果的ですか？

9I、PW、AW、SWの4本すべてを使って、それぞれランニングアプローチからピッチエンドランまで試してみてください。そして、**どの状況だと、どのクラブが使いやすいのか使いにくいのかなどを把握するのです。**

本書でも何度も話しましたが、**ライの状況はラフや芝目、地面の固さ以外にも、コース、天候、四季などによって様々に変化します。**

ですから、同じアプローチの方法だけではまるで通用しないので、いろいろなクラブを使って、いろいろな打ち方のなかから、そのつど最適な方法を選び出すのです。

特に逆目やラフ、バンカーからのアプローチなどは、通常の練習場ではできませんから、積極的に練習されることをお薦めします。

答え

アプローチ練習場では、逆目やラフ、バンカーからのアプローチなども積極的に練習しよう

質問 5

練習場ではいい球が出るのですが、コースでダフるのはどうしてでしょう？

練習場のマットは順目に近いものです。そして下も固いため、一番クラブが刺さらない状態なので、ダフっても滑ってくれるのです。つまり、ダフって打っていることに気付いていないのではないでしょうか。

練習場で打つときは、目と耳と手の感触の3つを意識しましょう。

まず素振りのとき、マットのどこに当たっているのか、狙ったところに落ちているのか、打った跡などを目で確認しましょう。

耳は、打ったとき先にマットの音がしたあとボールの音がするのか、ボールの音とマットの音が同時なのかなどを確認します。アプローチの種類によって違いがあるので、正しく打てているかも確かめられます。

手の感触からは、ダフりによる衝撃を感じましょう。ソールを滑らせたりクリーンに打ったりなども含め、ダフらないスイングを学びます。

答え

練習場で、目と耳と手の感触の 3 つを意識してボールを打って、ダフりの出ない打ち方を学ぼう

質問 6

チャレンジ精神旺盛のため、攻めのゴルフしかできませんのでアドバイスを！

今回は失敗しないアプローチをテーマにして紹介しましたが、18ホール全部その方法で回ればいいという意味ではありません。失敗しないアプローチを学ぶことは、全体的な大タタキを減らすにはとても有効な手段です。しかし、**いいスコアを出すには全ホール守ってもいけませんし、全ホール攻めてもいけないのがゴルフ**です。

ラウンド中の流れには、守りどき、攻めどきというものがあります。失敗しないアプローチが理解できてくると、今度は逆に**そのアプローチではピンには寄らないということがはっきりとわかる**のです。

最終ホール、「ここで1パットで上がる」と人生初めての70台というような局面を迎えた場合には、失敗を恐れず攻めることも大切です。上げるか転がすのかをはっきり決めて、チャレンジしましょう！

答え

失敗しないアプローチを理解したうえで、失敗を恐れずチャレンジすることもゴルフの醍醐味です

おわりに

この本を最後まで読んでくださり、誠にありがとうございました。

今回私がこの本で一番伝えたかったことは、アプローチにおいては形にこだわるのではなく、失敗にこだわってほしいということです。

ドライバー、アイアンとうまくつないできたのに、アプローチの失敗で大きくスコアを崩すアマチュアゴルファーは大勢いらっしゃいます。そして、何度も失敗を繰り返すことで苦手意識を持ったり、最初からできないと決めつけて失敗から目を背けてしまうのです。

しかし、私はレッスン生にも「アプローチが上手くなりたい、スコアをもっと縮めたいと思うのなら、まず失敗しなさい」ということを常に言っています。

グリーン周りにはミスを誘発する要因が多く隠れています。思ってもいなかったようなアプローチの失敗が次々に出ますから、上達にはトライ&エラーがとても重要になります。つまり、失敗を重ね、それぞれの失敗のメカニズムを学ぶことで、自分の目指している正解に近づいていく。ミスに対してそのつど新しい動きや知識を身に付けることで、アプローチの技術も高まり失敗が失敗にならなくなるわけです。

特に50Y以内のアプローチにおいてはその状況判断を正確に行い、様々なスキルを用いた構え方、打ち方にしないとすぐにスコアを増やしてしまう重要なゾーンです。ですのでアプローチを制することができればスコアを大きく減らすことが可能になるのです。

本書ではアプローチの状況に応じての様々なスキルを用意していますので、スコアを減らすために、失敗を恐れずぜひチャレンジしてみてください。

ところで、私もゴルフ業界をもっと盛り上げたいという思いで、書籍以外にも次の4つの活動にチャレンジしております。

❶YouTubeで『チーム大地プロジェクト！』を発足させ、ゴルフ業界で活躍したいという思いを持った研修生の育成❷レッスン生への指導❸CSスポーツチャンネル番組／スカイAでの『菅原大地のサイコーSWING』出演❹ティーチングプロ日本一を目指しての『ティーチングプロ選手権』などを含む競技ゴルフへのチャレンジ。

こういったチャレンジを様々な形で配信することで、ゴルフの楽しさをひとりでも多くの方々に伝えるように努力してまいりますので、今後とも応援をよろしくお願い致します。

プロゴルフコーチ　菅原大地

菅原 大地（すがわら・だいち）
プルーフコーポレーション所属

1989年生まれ、神奈川県横浜市出身。高校卒業後、19歳からプロを目指してゴルフを始める。練習生として、太平洋クラブ御殿場コースに1年半所属。その後、ハンズゴルフクラブへ就職して、ゴルフ歴4年でティーチングプロ試験に合格。24歳でPGA（日本プロゴルフ協会）資格を取得し、レッスンプロとしてのキャリアをスタート。4年間で指導したレッスン生は延べ1万人以上となり、人気No.1のレッスンプロに。2019年2月に開始した自身のYouTubeチャンネル「Daichiゴルフ TV」は2年半で登録者数33万人以上となる。著書に『ゴルフ 誰でも280ヤード！ サイコースイング』（池田書店）など。

編集	株式会社ナイスク（https://naisg.com） 松尾里央、岸正章、染谷智美
構成	田中宏幸
カバーデザイン	テラカワ アキヒロ（Design Office TERRA）
本文デザイン	沖増岳二
本文・カバー写真	小林靖
本文イラスト	浅田愛
動画制作	秋山広光（株式会社ビジュアルツールコンサルティング）
校正	株式会社聚珍社
協力	株式会社プルーフコーポレーション
撮影協力	太平洋クラブ御殿場コース

ゴルフ 寄せが安定する！
サイコーアプローチ

著　者　菅原大地
発行者　池田士文
印刷所　株式会社光邦
製本所　株式会社光邦
発行所　株式会社池田書店
〒162-0851
東京都新宿区弁天町43番地
電話 03-3267-6821（代）
FAX 03-3235-6672

落丁・乱丁はお取り替えいたします。

ISBN 978-4-262-16656-8

21000009